W0188592

Locarno

44 Routenbeschreibungen mit Routenkarten, Routenprofilen und Bildern
Bearbeitet von Arno Hofmann
Herausgegeben unter Mitwirkung des Ente Ticinese per il Turismo
und Ente turistico di Locarno e Valli.

Illustrationen: Eva Styner, Bern
Bilder: Beyeler, Ente turistico di Locarno, Schweizerische Verkehrszentrale, Wiederkehr
Routenkarte: Ausschnitte der LK 1:200000, reproduziert mit Bewilligung des Bundesamtes
für Landestopographie vom 19.12.85
© 1964 Kümmerly+Frey, Geographischer Verlag, Bern – 8. Auflage 1986
Printed in Switzerland ISBN 3-259-03642-3   R+W

Umschlagbild: Das Wahrzeichen Locarnos, die Wallfahrtskirche Madonna del Sasso. Die im 16. Jh. auf einem Felsen errichtete Kirche birgt einige beachtliche Kunstwerke, u. a. **Gemälde von Bartolomeo Suardi und Antonio Ciseri.**

Bei Lavertezzo wird die ▶ zwischen blankgescheuerten Felsen dahinfliessende Verzasca von dieser eleganten, zweijochigen Brücke überspannt. Sie reicht vermutlich ins Spätmittelalter zurück (Route 6).

Die vorliegende 8. Auflage des Wanderbuches Locarno erfährt durch den Zusammenzug der «Heimatkundlichen Notizen» in einem besonderen Abschnitt, aber auch durch die Einführung von Routenprofilen und mehrfarbigen Routenkarten einige wesentliche Neuerungen. Vor allem die Profile dürften es dem Wanderer erleichtern, sich eine Vorstellung vom Charakter der ausgewählten Route zu machen.

Das Wanderbuch umfasst die nähere Umgebung der Stadt Locarno, das Einzugsgebiet der Flüsse Maggia und Verzasca und die über dem linken Ufer des Lago Maggiore aufstrebenden Hänge des Monte Gambarogno und des Monte Tamaro. Von den Gestaden des Langensees, die mit ihrem milden Klima und der Fülle ihrer subtropischen Vegetation seit jeher die Menschen des Nordens zu Tausenden anzogen, erstreckt sich unser Wandergebiet bis in jene urtümlich rauhe Bergwelt, wo der Gipfel des Basodino seine Firn- und Eisfelder zu Tale sendet. Die bequemsten, nur geringe körperliche Anstrengungen erfordernden Wanderungen lassen sich naturgemäss in der näheren Umgebung der Stadt, über dem Lago Maggiore, aber auch am Rande der breiten Talung des Pedemonte ausführen. Auch jene Wege, die den Hängen entlang in die wilden, oft schluchtartigen Täler eindringen, sind nicht allzu beschwerlich. Diese Talzüge sind jedoch so tief in den Gebirgskörper der Tessiner Alpen eingeschnitten, dass jede Wegverbindung zwischen ihnen die Überwindung eines beträchtlichen Höhenunterschiedes einschliesst. Trotzdem findet man im nördlichen Teil unseres Gebietes einige vielbegangene und landschaftlich eindrucksvolle Passrouten, wie über den Christallina-, den Naret- und den Campolungopass. Am schlechtesten ist es um die Übergänge vom Verzasca- ins Maggiatal bestellt. Hier liegen die tiefsten Einschnitte nur wenig unter der durchschnittlichen Gipfelhöhe, zudem sind die meisten Wege infolge des Rückgangs der Alpwirtschaft dem Zerfall preisgegeben. Gelten in den oberen Talregionen die Passübergänge und die einsamen, in wilden Felskaren eingebetteten Bergseen als hauptsächliche Wanderziele, so locken im Süden herrliche Aussichtsberge.

Durch seine Hinweise auf die geologische Beschaffenheit der Landschaft, auf die geschichtliche Entwicklung der Siedlungen und die Lebensweise ihrer heutigen Bewohner, auf die oft im verborgenen wirkenden künstlerischen Kräfte will das Wanderbuch aber auch das Verständnis wecken für jene harmonische Verbindung, welche Natur und menschliche Tätigkeit im Tessin miteinander eingegangen sind.

Frühjahr 1986   Arno Hofmann

◄ **Ascona, einst ein stilles, verträumtes Fischerdorf,**
heute eines der belebtesten Zentren des
Tourismus in der Südschweiz (Routen 15 und 18).

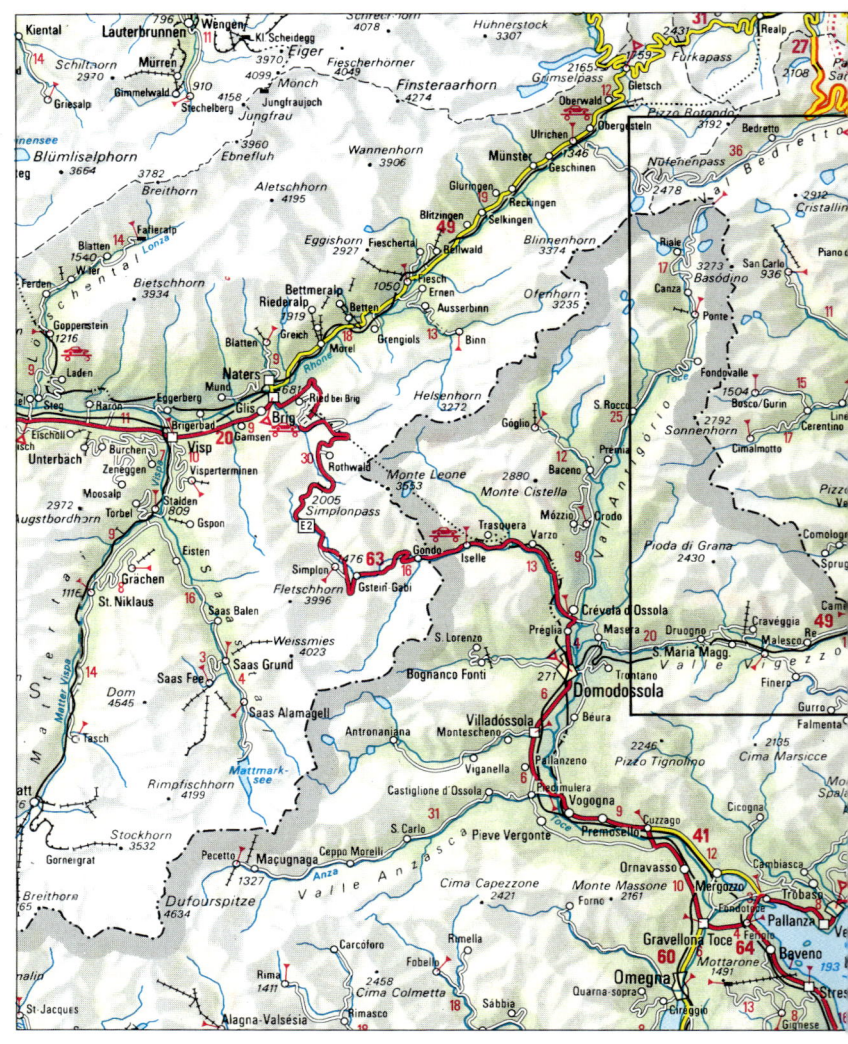

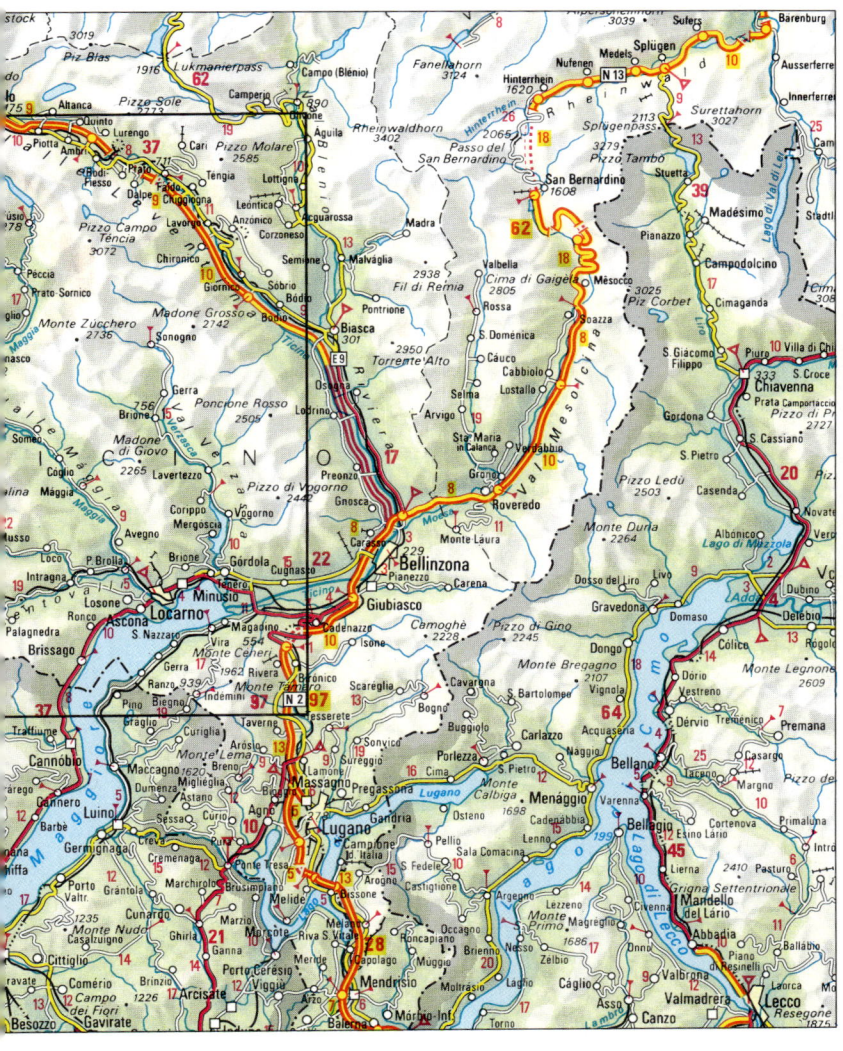

Nach Teilgebieten und Ausgangspunkten geordnet. Die angegebene Zeit gilt für die vollständige Wanderroute. Rasten sind nicht eingerechnet. Wer die Wanderung zu kürzen oder auszudehnen wünscht, findet bei den Abzweigungen der Routenbeschreibungen und in den betreffenden Wanderkarten hinreichend Anhaltspunkte.

Anschlüsse an den öffentlichen Verkehr werden mit folgenden Symbolen vermerkt:

	Bahnstation		Luftseilbahn- oder Gondelbahnstation
	Bus- oder Poststation		Sesselbahnstation
	Standseilbahnstation		Schiffstation

Legende zu den Routenprofilen:

	Stadt oder Dorf mit Kirche		Schloss Ruine		Wald
	Weiler		Gasthaus		Denkmal
	Einzelgebäude		Klubhütte, Unterkunft		Aussichtspunkt

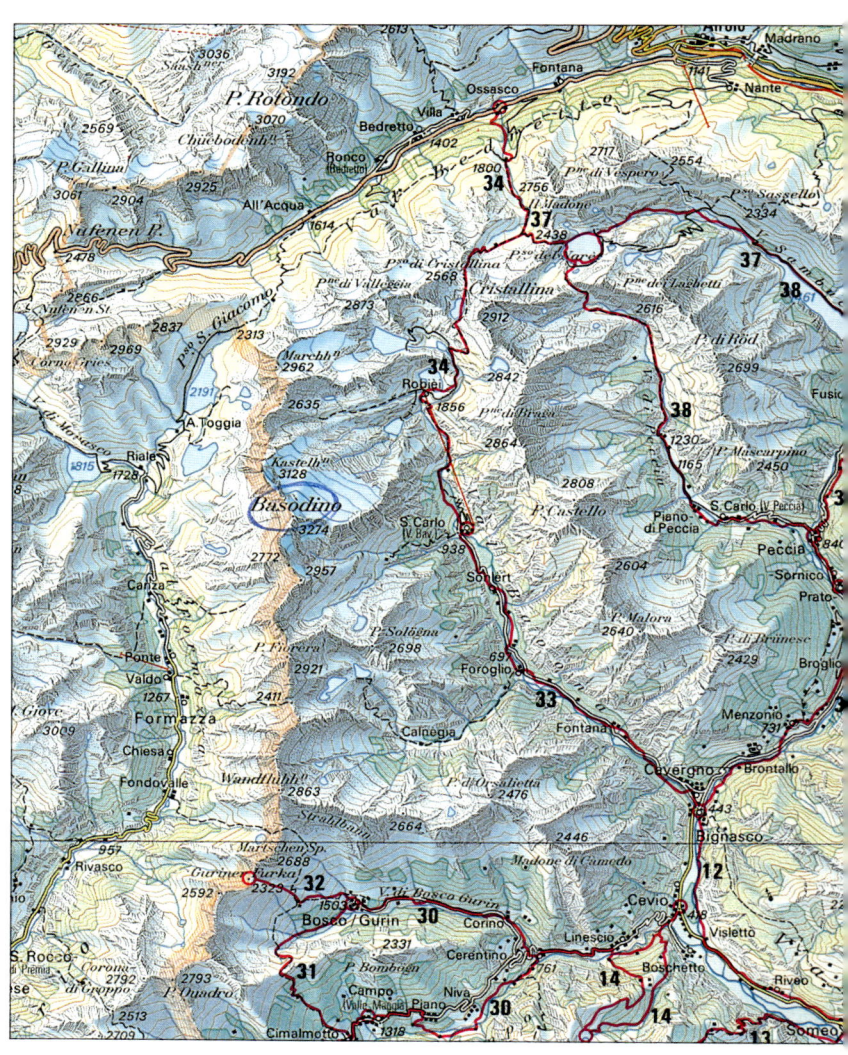

1

Monti della Trinità– Sentiero collina alta– Brione s. M.

Kurze, mühelose Wanderung auf dem vor einigen Jahren angelegten Sentiero collina alta, der die bewaldeten Hänge oberhalb Locarno quert.

Route	Höhe in m	Hinweg	Rückweg
Monti della Trinità 🚋	398	–	1 Std. 45 Min.
All'Eco	546	45 Min.	1 Std. 05 Min.
Ronco del Bosco	560	1 Std. 10 Min.	40 Min.
Brione s. M. 🚋	429	1 Std. 45 Min.	–

Von der Bus-Haltestelle *Monti della Trinità* gehen wir auf der Brè-Strasse bis zur 1621 erbauten Kirche S. Trinità, die mehrere Werke von Baldassare Orelli (Anfang 18. Jh.) enthält.

Ein Treppenweg (Sentiero del Roncascio) führt uns rechts aufwärts. Im Quartier Roncascio folgen wir der Strasse einige Schritte nach links und schlagen dann den weiter aufwärts führenden Sentiero del Rocolo ein. Bei einem Wegweiser zweigen wir rechts ab und setzen den Aufstieg auf einem Waldweg fort. Nach einer kleinen Kapelle, bei der dreifachen Weggabelung, wählen wir den mittleren Weg, der uns durch das Tälchen der Ramogna zum Strassenende im Quartier *All'Eco* (Gemeinde Orselina) führt. Wir halten sofort links aufwärts, betreten bald wieder den Wald und wandern auf bequemem, ebenhin verlaufendem Weg durch das Tobel des Rabisale zur Lichtung *Ronco del Bosco*.

Unsere Route mündet schliesslich in ein abwärts führendes Strässchen. Bei der Rechtskurve schlagen wir den Treppenweg ein, der dem Bächlein abwärts folgt. Auf der Strasse halten wir rechts, benützen dann die abwärts führende Via Al Chiosso bis zu einem Bildstock, wo links die Salita Padlitt abzweigt, auf der wir nach *Brione s. M.* (S. 113) hinabsteigen.

◄◄ **Von den Höhen westlich des Lago Maggiore blicken wir auf Maggiadelta, Locarneser Becken, Monte Tamaro und Monte Gambarogno (Routen 16, 19).**

◄ **In Lavertezzo (Verzascatal) scharen sich die Häuser eng um die Pfarrkirche S. Maria degli Angeli (Route 6).**

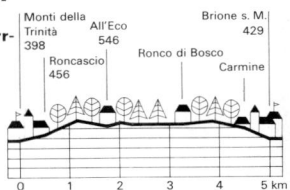

2   Locarno–San Bernardo– Cimetta–Brè–Locarno

Die aussichtsreichen Höhen oberhalb Locarno sind das Ziel dieser lohnenden Wanderung, welche durch die Benützung von Postauto und Bergbahnen beliebig erleichtert werden kann.

Route	Höhe in m	Hinweg	Rückweg
Locarno 🚂	205	–	7 Std. 30 Min.
Orselina 🚋	449	45 Min.	7 Std.
San Bernardo	1028	2 Std. 30 Min.	5 Std. 50 Min.
Cardada 🚠 🎿	1329	3 Std. 25 Min.	5 Std. 15 Min.
Alpe Cardada	1496	4 Std.	4 Std. 50 Min.
Cimetta 🎿	1671	4 Std. 30 Min.	4 Std. 30 Min.
Alpe Cardada	1496	4 Std. 50 Min.	4 Std.
Cardada 🚠 🎿	1329	5 Std. 15 Min.	3 Std. 25 Min.
Brè	1022	5 Std. 50 Min.	2 Std. 35 Min.
Locarno 🚌	205	7 Std. 40 Min.	–

Vom Bahnhof *Locarno* aus begeben wir uns rechts aufwärts zur Via Sempione. Bei der Brauerei Locarno biegen wir bergwärts in die Via Prof. Mariani ein, von der links die Salita del Cedro abzweigt. Diese mündet in die obere Längsstrasse, der wir etwa 100 m nach rechts zum Beginn des Vicolo del Lupo folgen. Durch Wald, Rebberge und Gärten steigt der schmale Treppenweg nach *Orselina* (S. 127) empor, wobei er einmal die Strasse kreuzt und knapp unter dem Dorf eine Bachrunse überquert.

Bei der Kirche schlagen wir in westlicher Richtung die dem Hang entlang zwischen Villen und südländischen Gärten sanft ansteigende Strada all'Eco ein. An ihrem Ende beginnt, sorgfältig gepflastert und in Serpentinen angelegt, der alte, bequeme Saumweg nach dem ehemaligen Maiensäss San Bernardo. Der niedrige Kastanienbestand gewährt einen stets sich weitenden Ausblick über das Maggiadelta und den Lago Maggiore. Einige Kapellen aus dem 17. Jh. stehen am Wege, der bald auf die Lichtung von *San Bernardo*

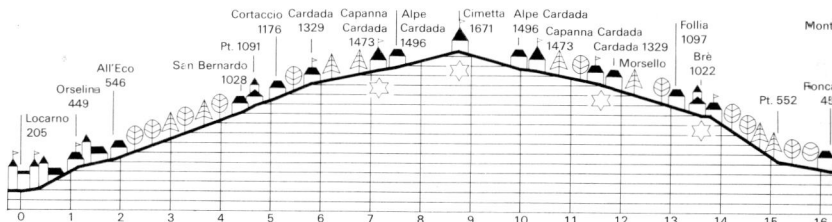

hinaustritt. Mächtige Kastanienbäume beschatten hier die alten, primitiven Steinhütten und die modernen, schmucken Ferienhäuschen.

Der Wegweiser leitet zu einer Gabelung mitten im Kastanienwald. Hier wählen wir den rechts zur Kapelle San Bernardo (1091 m) führenden Pfad. Das kleine Gotteshaus wurde 1689 in schwerer Pestzeit von den Bürgern von Orselina in aussichtsreicher Lage errichtet. Das Kirchlein enthält Wandmalereien nach Gemälden von Bernardino Luini.

Der Blick taucht fast senkrecht auf die Dächer, Gärten und Strassen von Minusio, Muralto und Locarno, umfasst die Magadinoebene und den Langensee von Arbedo bis über Luino hinaus, schweift vom zierlichen Corno di Gesero von Gipfel zu Gipfel bis zu den wilden Felszacken des Gridone.

Über eine breite, mit Farnkraut und Birken bewachsene Rippe windet sich der Pfad zum Maiensäss Cortaccio empor. Wer die Cimetta zum Ziel hat, kann oberhalb der obersten Hütten nach rechts abzweigen und auf einem angenehmen Weg direkt zur *Alpe Cardada* aufsteigen (1 Std. von Cortaccio aus). Die andere Variante quert nun leicht ansteigend die bewaldete Runse der Ramogna und zieht sich in westlicher Richtung zu den Wiesen von Morsello hinüber. Ein gestufter Weg führt nach *Cardada* (1329 m) empor. Ein bequemer Spazierweg verbindet die Bergstation der Luftseilbahn Orselina–Cardada mit dem Ausgangspunkt des Sesselliftes Cardada–Cimetta. Nebst dem Berggasthaus ergänzen ein Vita-Parcours und ein Voralpenpark die touristischen Attraktionen. Eine Panoramatafel orientiert über die herrliche Aussicht.

**Edelkastanie in ihrer
stacheligen, erst auf-
gesprungenen Schale.**

nità

del Sasso
46

carno
205

18 km

Der gut ausgebaute, angenehme Wanderweg windet sich in mehreren Serpentinen die untersten, mit Ginster, Farnkraut und vereinzelten Birken bewachsenen Hänge der Cimetta empor und zieht sich dann in einer längeren Querung nach Osten zur Skihütte des SC Locarno (im Dezember 1983 abgebrannt, soll neu erbaut werden) und zur nahen *Alpe Cardada* hinüber. Auf der vorgelagerten Graskuppe steht das hohe, weithin sichtbare Kreuz. Der Weg biegt nun scharf nach links ab und zieht sich, weit nach Westen ausholend, in sanfter Steigung gegen die *Cimetta* (1671 m) empor. Als vorderste, schwach ausgeprägte Erhebung der Maggiagruppe bietet die Cimetta ein grossartiges Panorama, besonders nach Süden und Westen. Neben der Bergstation der Sesselbahn steht die Skihütte des SC Solduno. Im Winter verwandelt sich das Gebiet Cardada–Cimetta zu einem stadtnahen, bequem erreichbaren und von drei Skiliften erschlossenen Tummelplatz der Skifahrer.

Wir kehren auf derselben Route nach *Cardada* zurück. Vom Gasthaus Colmanicchio steigen wir zur Lichtung von Morsello hinab. Ein schöner Weg durchquert im weiteren Abstieg den Osthang des vorspringenden Bergrükkens und führt in westlicher Richtung über die Lichtung Pian da Rözz. Bevor unsere Route den Wald verlässt, holt sie zu einer weiten Kehre nach links aus und zieht sich dann in westlicher Richtung zur 1928 erbauten, die Ebene des Pedemonte und den Eingang ins Centovalli überschauenden Kapelle Madonna delle Grazie. Ein Strässchen führt uns ebenhin gegen das heutige Feriendörfchen *Brè* (1004 m).

Etwa 100 m östlich des Kirchleins zweigt rechts der gut erhaltene Alpweg ab, auf dem einst die Bauern von Solduno ihre Herden auf den Monte Brè und auf die Alpe Cormanic trieben. Im Abstieg durch die bewaldete Bergflanke kreuzt er fünfmal das Fahrsträsschen, das wir bei Pt. 552 nochmals betreten. Wir folgen ihm in östlicher Richtung und erreichen über Roncascio und Monti della Trinità die Madonna del Sasso. (S. 125)

Für den Abstieg nach *Locarno* wählen wir den Weg durch die Schlucht oder den Stationenweg.

Nebenroute

a) Cortaccio–A. Cardada 1 Std. (siehe Routenbeschreibung).

Abzweigungen

b) S. Bernardo–Brè 20 Min., –Cordonico 20 Min., –Val Resa 1 Std.,
   –Brione 🚋 1 Std. 35 Min.

Abstiege

c) Cardada–Al Söö– Monteggia– Miranda–Monte Brè 1 Std. 40 Min.
d) A. Cardada–Chiodo– Cordonico–Val Resa–Brione 🚋 1 Std. 30 Min.

3   Cimetta–Cima della Trosa–
Mergoscia

Leichte und interessante Bergtour. Sowohl der kurze Aufstieg zur aussichtsreichen Cima della Trosa wie auch der Abstieg ins Verzascatal erfolgen auf
gut unterhaltenen Wegen.

Route	Höhe in m	Hinweg	Rückweg
Cimetta 🚠	1671	–	4 Std. 20 Min.
Cima della Trosa	1869	50 Min.	3 Std. 45 Min.
Alpe di Bietri	1500	1 Std. 40 Min.	2 Std. 30 Min.
Bresciadiga	1128	2 Std. 25 Min.	1 Std. 20 Min.
Mergoscia 🚌	731	3 Std. 20 Min.	–

Bei der Bergstation der Sesselbahn auf der *Cimetta* (1671 m) schlagen wir
den Weg ein, der durch den bewaldeten Nordwesthang zur Bassa di Cardada
absteigt. Für den Aufstieg zur Cima della Trosa wählen wir den gut ausge-
bauten, in langer Querung bis zum Westgrat ausholenden Weg.
Die *Cima della Trosa* (1869 m) bietet eine umfassendere Aussicht als die
Cimetta. In der Tiefe, am Ausgang des gleichnamigen Seitentales der Verzasca, liegt Mergoscia. Jenseits des neuen Stausees ragt die Steilmauer der
Verzascagruppe über 2000 m empor. Über die Ceneri-Senke hinweg grüs-
sen die Luganeser Berge: Denti della Vecchia und Monte Boglia. Der wilde
Felskranz des Gridone überragt den regungslosen Spiegel des Langensees
und leitet ins Centovalli hinüber, wo hintereinander gestaffelte, dunkle Kulis-
sen die «hundert» Seitentäler andeuten. Darüber breitet der Monte Rosa
seine gewaltige Ostwand aus. Es folgen die steilen Plattenschüsse des Pizzo
di Ruscada und die unergründliche Talkluft des Onsernone, in weiter Ferne
von den Hochgipfeln der Mischabel überragt. Den breiten Talgrund der Maggia überblicken wir von Gordevio bis in die Gegend von Cevio. Darüber
erkennen wir den Basodino und die dunkle Pyramide des Finsteraarhorns.
Auf demselben Wege gehen wir bis zum südlichen Ende des Gipfelgrates

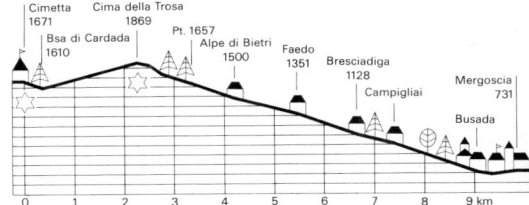

Das im 14. Jahrhundert von Lucchino Visconti erbaute, später durch die Eidgenossen teilweise geschleifte Kastell von Locarno gehörte einst zu den grössten und stärksten Schlossanlagen Oberitaliens (Routen 2 und 4).

zurück, zweigen links ab und steigen über einen Grasrücken zum breiten Weg hinab, der durch die erlenbestandene Flanke abwärts in die Einsattelung (Pt. 1657) zwischen Cima della Trosa und Madone führt. Ein Blick in die Valle di Mergoscia zeigt die ungleiche Steilheit der beiden Talhänge; sie lässt sich durch eine tektonisch bedingte stärkere Unterspülung und ein allmähliches Abgleiten des Südhanges erklären. In weiten Kehren senkt sich der neue Weg zur *Alpe di Bietri*. Hier wird ein vorzüglicher Käse hergestellt, der als «Formaggio di Bietri» im Handel ist.

Der Weg wendet sich nun der linken Talseite der Valle di Mergoscia zu und führt in gleichmässigem Abstieg zu den Maiensässen Faedo und *Bresciadiga,* wo die obersten Kirschbäume stehen. Besonders stark wirkt hier der Gegensatz zwischen den beiden Talhängen. Unsere Sonnseite ist, bis auf kleinere Birkenbestände, eher kahl. Ginster, Farne und Heidekraut sind Zeugen eines trockenen, ausgelaugten Bodens. Hier findet man auch die Monti (Maiensässe) mit ihren meist in grösseren Gruppen zusammenstehenden Hütten. Bis weit hinauf erblickt man die kleinen, grauen Würfel, von Mähwiesen und Weiden umgeben. Ganz anders die uns gegenüberliegende, steilere Schattseite. Sie ist lückenlos bewaldet.

Bei den verstreuten Hütten des Maiensässes Campigliai biegt der Weg rechts ab, wendet sich aber bald wieder talauswärts. Durch Kastanienwald und mit Reben bestandene Lichtungen erreichen wir das malerische Winzerdörfchen Busada, eine Fraktion von Mergoscia. Die Rebstöcke werden hier kurzerhand über die Dächer der freundlichen weissen Häuschen gezogen. Ein breiter Fahrweg nimmt uns auf und mündet bald in die Strasse, die uns leicht ansteigend zur Endstation des Postautokurses und zur Kirche von *Mergoscia* (S.125) führt.

Nebenroute
Cardada 🚠 –A. Cardada–A. Bietri 1 Std. 15 Min.

4   Locarno–Monti di Lego–Mergoscia

Reizvolle Höhenwanderung nach Mergoscia, dem durch seine einzigartige Spalierlage bekannten Verzascadorf.

Route	Höhe in m	Hinweg	Rückweg
Locarno 🚂	205	–	3 Std. 20 Min.
Brione s. M. 🚌	429	45 Min.	2 Std. 50 Min.
Viona	740	1 Std. 40 Min.	2 Std. 15 Min.
Monti di Lego	1121	2 Std. 50 Min.	1 Std. 30 Min.
Mergoscia 🚌	731	4 Std.	–

Vom Bahnhof *Locarno* aus begeben wir uns durch die Via della Stazione und die Via Prof. Mariani in östlicher Richtung zum Spital S. Agnese. Dort wählt man die links ansteigende Via Attilio Balli, die man bei der ersten leichten Biegung verlässt, um links über eine Treppe eine schmale Gasse, den Vicolo dei Colli, einzuschlagen. Wir kreuzen die Strasse nach Orselina und überqueren den Rabisale. Bei der Einmündung in das Strässchen biegen wir so-

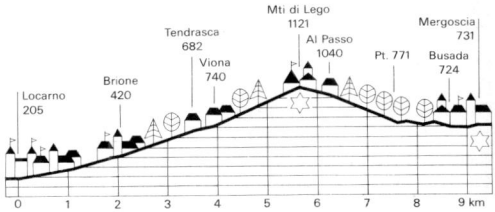

gleich links in den Vicolo Motto di Lena ein, der uns über sonnige, mit Reben und Obstbäumen bestandene Hänge einen angenehmen, aussichtsreichen Aufstieg nach *Brione s. M.* (S. 113) ermöglicht.
Wir wählen bei der Kirche das links abzweigende Strässchen nach Mergoscia und durchqueren den östlichen Dorfteil. Vor dem Hotel Dellavalle schlagen wir den aufsteigenden Fussweg ein. Ein Quersträsschen führt uns nach rechts zu einem Kirchlein. Dort benützen wir den durch eine Runse aufsteigenden Weg. Bei der Haarnadelkurve der Via della Selva folgen wir dem rechts abzweigenden Strässchen. Bei einem Wegweiser beginnt mit einer Treppe der alte Alpweg nach dem Val Resa. Schräg durch den Kastanienwald empor hält er auf eine markante Lücke zu. Wir überqueren das alte, gewölbte Brücklein über die Navegna und treten bald auf die herrliche Wiesenfläche des Weilers Tendrasca hinaus. Ein verlassenes Haus weist Freskenspuren aus dem 15. oder 16. Jh. auf. Beim Ristorante Val Resa verlassen wir das 1907 erbaute Talsträsschen und wählen den östlich davon dem Waldrand entlang aufsteigenden schmalen Weg, der uns nach *Viona* führt.
Nach einer alten Überlieferung soll der Weiler Viona einst die Kernsiedlung von Brione gewesen sein, was aber schon 1479 nicht mehr der Fall war.
Bei dem Kapellchen in der Mitte des Weilers beginnt der gut ausgebaute Weg nach den Monti di Lego. Der angenehme, schattige Aufstieg durch den Kastanienwald erfolgt in zahlreichen Serpentinen. Bei den Hütten von Corte del Baffa halten wir ostwärts auf die deutlich auf einem Bergvorsprung sichtbare Kapelle der *Monti di Lego* (1121 m) zu. Der höchste Punkt unserer Wanderung gewährt eine einzigartige Aussicht auf Magadinoebene und Lago Maggiore mit ihrem südlichen Gebirgssaum. Ganz neu ist der Einblick ins untere Verzascatal. Wir erkennen Mergoscia mit der Kirche und der hochgelegenen Fraktion Benitti, jenseits des Stausees die Rebhänge von Vogorno und, an der neuen Talstrasse, die Fraktion Berzona. Wie winzig nimmt sich dies alles am Fusse der mächtigen, schönen Pyramide des Pizzo di Vogorno aus!
Unsere Route wendet sich nun endgültig dem Verzascatal zu und senkt sich zur nahen, mit Hütten übersäten Wiesenterrasse von Al Passo. Dann biegt der Weg scharf nach links ins Seitental von Mergoscia ein, durchquert im weiteren Abstieg den mit Buchenwald bedeckten Nordhang des Mottone und windet sich in die enge Talschlucht hinab, die wir auf einer 1920 erbauten, von einer Auswandererfamilie gestifteten eisernen Brücke überqueren. Dem steilen Südhang entlang führt unsere Route talauswärts zur Fraktion Busada und auf dem Strässchen weiter zur Kirche von *Mergoscia* (S. 125).

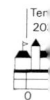

Abzweigung
Monti di Lego–Scerés–A. Cardada–Cardada 🚶 2 Std.

5

Tenero–Sassariente– Gordola

Der Aufstieg zum Sassariente ist vortrefflich markiert. Auch ohne die Besteigung des Gipfelzahnes, die einige Vorsicht erheischt, ist diese Tour, die herrliche Ausblicke vermittelt, überaus lohnend.

Route	Höhe in m	Hinweg	Rückweg
Tenero 🚃	203	–	8 Std. 30 Min.
Monti di Motti	1067	2 Std. 45 Min.	6 Std. 45 Min.
Sassariente	1767	5 Std.	5 Std. 15 Min.
Monti della Gana	1286	6 Std. 10 Min.	3 Std. 30 Min.
Monti di Ditto	862	7 Std. 15 Min.	2 Std.
Gordola 🚃	206	8 Std. 30 Min.	–

Von der Station *Tenero* (S. 132) in nördlicher Richtung zur Hauptstrasse und
zur Verzascabrücke. Am Brückenende gegen Gordola zweigt links der Vicolo
Scalate ab; wir steigen am Rande der Verzascaschlucht empor, kreuzen bei
Scalate die Strasse, wandern durch den Weiler taleinwärts, um nach dem
letzten älteren Häuschen rechts den steilen Weinbergpfad nach Gordemo
einzuschlagen. Hier oben, an den sonnigen Steilhängen über der Magadinoebene, liegen die Weinberge der Verzascataler. Gordemo und Scalate wurden von Brione aus besiedelt. In Gordemo folgen wir dem stellenweise mit
einer Pergola überdachten Gässchen, bis uns der Wegweiser rechts aufwärts leitet. Dann steigen wir auf dem Sentiero alla Fontana durch die Rebberge zum Waldrand hinauf. Blick ins untere Verzascatal bis Mergoscia. Der
steile, aber gut begehbare Pfad windet sich durch schattigen Kastanienwald,
weiter oben durch Buchenbestände zu den aussichtsreichen Monti di Metri
empor. Die Route mündet bald in ein Natursträsschen, und wir betreten die
ausgedehnte, auf einem Sporn gelegene Hochterrasse der *Monti di Motti*
(1067 m). Zahlreiche Ferienhäusschen und eine moderne Kapelle prägen das
Gesicht der einstigen Maiensässe.

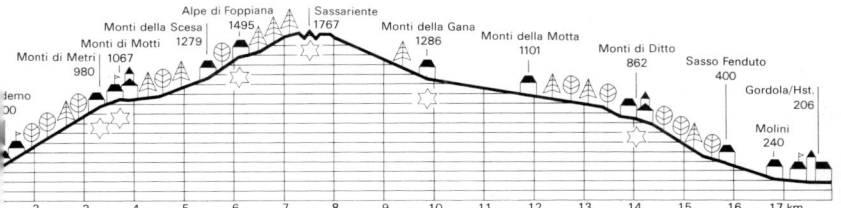

Unsere Route biegt nun nach Osten um und dringt wieder in den Wald ein. Nach der Senke, die sich östlich der Anhöhe des Mattarone (1182 m) befindet, windet sich der Weg in weiten, bequemen Kehren zu den *Monti della Scesa* und (auf der Westseite des Rückens) weit nach Norden ausholend, zur Alpe di Foppiana (1945 m) empor. In östlicher Richtung wenden wir uns dem Tannenwald zu, der die Südflanke bedeckt. Nach einer herrlichen Wegpartie durch den dunklen Forst windet sich der Pfad zum Grat empor, der im Norden steil in das Val della Porta abstürzt. Die Route folgt einer Mulde auf der Nordseite des Kammes, überschreitet ihn wieder nach Süden und führt zum Sattel hinter dem weit vorspringenden Felszahn des *Sassariente* (1767 m) hinunter. Nach einem kurzen Abstieg auf der Ostseite klimmt der Pfad über die mit Strauchwerk bewachsene, felsdurchsetzte Ostflanke überaus steil zum Gipfel empor. Das letzte Wegstück ist vorsichtig zu begehen.
Seit vielen Jahren ziert ein eisernes Kreuz die luftige, aussichtsreiche Warte. Einem Flugbild aus 1500 m Höhe gleicht der Tiefblick auf die Magadinoebene. Im Süden entfaltet das Sottoceneri sein vielgestaltiges Landschaftsbild, aus dem der Spiegel des Ceresio zwischen Campione und Capolago herausleuchtet.
In den Sattel zurückgekehrt, steigen wir wieder zur Abzweigung hinauf und folgen dem unterhalb des Hauptgrates etwa 200 m in östlicher Richtung verlaufenden Pfad. Durch die rechts von einem scharfen Felsgrat begrenzte Runse senkt sich der Weg in engen Serpentinen auf die Ruinen einer Schutzhütte zu. Im weiteren Abstieg zieht er sich weiter nach Osten, durchquert den Lärchenwald am Südhang der Cima di Sassello und erreicht bei den *Monti della Gana* die breite, mehrere Maiensässe tragende Begrippe zwischen der Valle della Pesta und der Valle di Cugnasco. Hier nimmt uns ein schmales Fahrsträsschen auf; es durchquert den Trichter der Valle della Pesta, biegt bei den Monti della Motta in die Valle del Carcale ein und mündet in die Bergstrasse nach den Monti di Motti, der wir links abwärts folgen und auf der wir zur Wiesenterrasse der *Monti di Ditto* (S. 126) absteigen.
Wir verlassen das Dörfchen in westlicher Richtung, dem unteren Saum der Terrasse entlang. Durch eine Wiesenzunge absteigend, betreten wir den Wald. Der Pfad ist steil und schmal. Er tritt bei Moncucco aus dem Wald und senkt sich links abwärts auf einen gespaltenen Felsblock, den Sasso Fenduto, zu. Unsere Route verläuft in westlicher Richtung und mündet in ein Strässchen. Nach etwa 300 m schlagen wir den abwärtsführenden Treppenweg ein (Salita al Collo), kreuzen nochmals die Strasse, auf der wir schliesslich nach *Gordola* (S. 118) absteigen.

Nebenroute
M. ti die Motti–M. ti di Ditto 1 Std. (auf dem Strässchen).

6 Mergoscia–Corippo–Lavertezzo–Sonogno

Der markierte Hangweg von Mergoscia nach dem malerischen Bergnest Corippo und seine Fortsetzung am Ufer der Verzasca bilden zusammen eine der reizvollsten Talrouten des Tessins.

Route	Höhe in m	Hinweg	Rückweg
Mergoscia 🚌	731	–	6 Std.
Corippo 🚌	563	1 Std. 40 Min.	4 Std. 10 Min.
Lavertezzo 🚌	536	2 Std. 30 Min.	3 Std. 20 Min.
Gana 🚌	671	3 Std. 45 Min.	2 Std. 10 Min.
Sonogno 🚌	918	6 Std. 15 Min.	–

Zwischen der Kirche und dem Gemeindehaus von *Mergoscia* (S.125) beginnt der steile Treppenweg nach der höher gelegenen Fraktion Benitti. Hier schlagen wir das rechts taleinwärts führende Strässchen ein. Seine Fortsetzung bildet ein angenehmer Wanderweg, der in mehrfachen Windungen den mit Reben, Kastanienwald und Fluhbändern durchsetzten Hang erklimmt. Nach einem flachen Wegstück treten wir auf die Lichtung von Bedeglia hinaus. Erstmals lässt sich das untere Verzascatal bis zur Biegung von Lavertezzo überblicken. Ein kurzer, steiler Abstieg führt zur Lichtung von Redond und, eine Wildbachrunse querend, zu den Monti di Gresina. Mehrere Hütten dieser Maiensässe sind zerfallen, doch an einem Stall ist noch ein Gemälde aus dem 17. Jh. zu erkennen, die Madonna und den Tod darstellend. Ein gewisser Domenico Gambetta hatte nach seiner glücklichen Errettung aus Seenot den Auftrag zu diesem Fresko gegeben. Fast ebenhin queren wir nun den Kastanienwald hoch über der Verzasca. Bei der grossen Lichtung und den Hütten von Liano schlagen wir den unteren, in die Schlucht absteigenden Weg ein. Ein steinernes Brücklein überquert den aus der Valle di Corippo hervorbrechenden Bach, der, von einem wirren Blätterdach überspannt, unsichtbar in der Tiefe rauscht. Eine steile Treppe führt zum Kirch-

◄ **Winzerfreuden. Prächtig gedeiht die Weintraube an den südexponierten Hängen über der Magadinoebene, dringt aber auch weit in die Bergtäler hinein.**

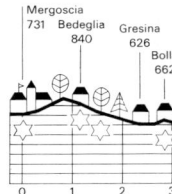

platz von *Corippo* (S. 117) empor. Der Hang, an dem Corippo als typische Spornsiedlung erbaut wurde, ist so steil, dass man bei den meisten Häusern die über der Küche gelegenen Kammern ebenerdig betritt. Charakteristisch sind die offenen Giebelseiten und die weissumrandeten Fenster.

Wir folgen dem Fahrsträsschen bis zur Rechtskurve und steigen unter der Stützmauer über einige Stufen steil abwärts. Die markierte Route zieht sich taleinwärts zu den Wiesenhängen von Oviga. Unterwegs bewundern wir die eindrücklichen Erosionsformen im felsigen Flussbett der Verzasca. Wir haben nun die Wahl zwischen dem am rechten Verzascaufer verbleibenden Wanderweg und dem Umweg über *Lavertezzo* (S. 121), wozu wir rechts abzweigen und das Brücklein überschreiten.

Von der Kirche aus legen wir auf der Strasse etwa 200 m taleinwärts zurück, wechseln über die zweibogige Steinbrücke ans rechte Ufer der Verzasca hinüber und biegen sofort rechts ab. Wieder auf der markierten Talroute, folgen wir nun weiter dem rechtsseitigen Ufer der Verzasca bis zur Strassenkehre bei der Postautohaltestelle *Gana.* Wir folgen der Strasse abwärts und biegen nach der Brücke über die Verzasca gleich links ab. Der Weg zieht sich zuerst dem Steilufer entlang, überquert dann gegenüber Brione (S. 113) den ausgedehnten, flachen Wiesenboden von Alnasca. Unsere Route überwindet den nächsten Engpass, indem sie zuerst ziemlich stark am Hang ansteigt, sich dann wieder senkt und den Seitenbach aus dem Val Motto auf einer 1972 erbauten Hängebrücke überquert. Nach der Hängebrücke, die nach Gerra hinüberführt, lassen wir eine kleine Häusergruppe rechts liegen, umgehen dem Ufer entlang einen Schuttkegel und erreichen den verlassenen Weiler Cortascio, wo noch ein alter Backofen am Weg steht. Wieder einem Steilhang entlang wandern wir zur Strassenbrücke vor Frasco (S. 117) weiter. Hier wechseln wir ans rechte Verzascaufer hinüber. Bei der Einmündung des Redortabaches folgen wir diesem, denn erst gegenüber der Kirche führt uns eine Brücke nach *Sonogno* (S. 131).

Abzweigung
Pt. 733 (gegenüber Piee) – Brione 🚌 15 Min.

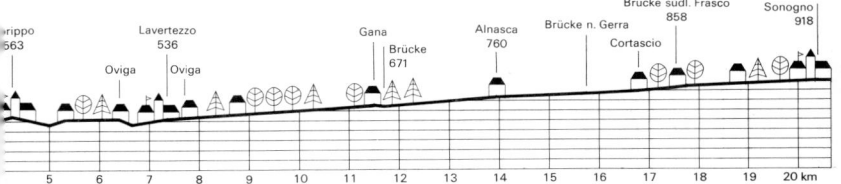

7

Vogorno–Alpe Bardughè–Pizzo di Vogorno–Rienza–Vogorno

Eine einzigartige Aussicht entschädigt für die Mühen des abwechslungsreichen, aber langen Aufstieges: nahezu 2000 m Höhenunterschied! Nur für berggewohnte und ausdauernde Wanderer.

Route	Höhe in m	Hinweg	Rückweg
Vogorno ▭	495	–	10 Std.
Alpe Bardughè	1638	3 Std. 20 Min.	7 Std. 45 Min.
Pizzo di Vogorno	2442	5 Std. 40 Min.	6 Std. 20 Min.
Alpe Lòc a	1779	6 Std. 50 Min.	4 Std. 20 Min.
Rienza	1411	7 Std. 30 Min.	3 Std. 10 Min.
Vogorno ▭	495	9 Std. 45 Min.	–

Als Ausgangspunkt für die Besteigung des Pizzo di Vogorno dient die Postauto-Haltestelle *Vogorno/S. Antonio* (S. 137).
Vom Kirchplatz aus windet sich ein Fahrsträsschen die sonnigen, mit Winzerhäuschen übersäten Rebhänge empor. Am Ende des Strässchens beachten wir den Wegweiser, der uns auf einen Treppenweg leitet, auf dem wir steil durch die oberste Häusergruppe aufsteigen. Der Fussweg windet sich bald in weiten, bequemen Kehren durch den Wald empor. Die zunächst vorherrschenden Kastanienbäume werden weiter oben durch Birken und Lärchen abgelöst. Bei den Maiensässen Sponda und Corte Nuovo stehen vereinzelte Kirschbäume. Immer wieder nimmt uns der Tiefblick auf den Stausee Lago di Vogorno und auf den Lago Maggiore gefangen. Oberhalb der höchstgelegenen Hüttengruppe von Corte Nuovo windet sich unsere Route über einen fast ausschliesslich mit Farn und Ginster bewachsenen Hang. Dieser verflacht sich allmählich, und wir erreichen die auf einer Hochterrasse liegende, aus zahlreichen Hütten bestehende *Alpe Bardughè*. Oberhalb des Alpdörfchens zieht sich der deutlich sichtbare Weg (zurzeit etwas verblasste weiss-

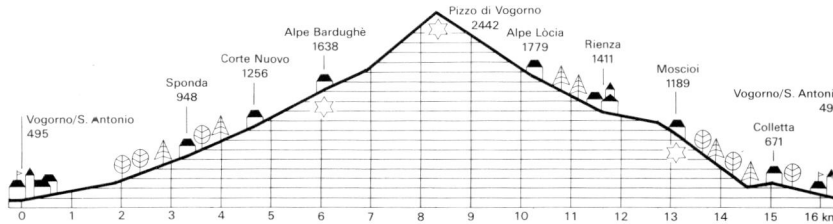

rot-weisse Markierung) nach rechts in die Valle del Molino hinein und überquert bei Pt. 1829 den Bach. Nach etwa 200 m, auf einer deutlichen Rippe,
zweigt unsere Route links von dem in gleicher Richtung weiterführenden
Weg ab und windet sich nun steil gegen den west-östlich verlaufenden Grat
empor. Südöstlich der Graterhebung Pt. 2282 verläuft die markierte Route
zunächst in Gratnähe und hält auf ein deutlich sichtbares, sich schräg aufwärts ziehendes Grasband zu, das uns zu einem markanten Felsgrätchen
führt. Jenseits desselben queren wir zu einem sanfteren Rücken hinüber,
über den wir mühelos den Gipfel des *Pizzo di Vogorno* besteigen.

Dank seiner beträchtlichen Höhe und seiner weit nach Süden vorgeschobe-
nen Lage ist der Pizzo di Vogorno einer der lohnendsten Aussichtsberge des
Tessins. Den Lago Maggiore überblicken wir bis weit über Luino hinaus. Über
das Kreuz des Sassariente und die Ceneri-Senke hinweg gewahren wir das
Vedeggiotal und Luganersee. Die Fernsicht umfasst die höchsten Gipfel der
Schweizer Alpen, vom Monte Rosa bis zur Berninagruppe.

Der Markierung folgend, steigen wir nun über die mässig steile Südab-
dachung des Gipfels ab bis zur Stelle, wo sich der breite Hang zu einem Grat
verengt. Beim Steinmännchen steigen wir links in eine steile Runse ein,
durch die deutliche Pfadspuren und die Markierung abwärts führen. Durch
die weite Mulde, die vom Pizzo di Vogorno nach Südosten abfällt, setzen wir
nun pfadlos, den Geröllzügen nach links ausweichend, den Abstieg zur seit
Jahren verlassenen *Alpe Lòcia* fort.

Von der untersten Hüttenruine geht es zunächst in der Fallinie abwärts. Weiter unten wendet sich der nun deutlicher werdende Alpweg nach rechts dem
Lärchenwald zu, durch den wir den Abstieg fortsetzen. Dichte Buchenbestände lösen bald die Lärchen ab, und schliesslich betreten wir die offenen
Hänge des Maiensässes *Rienza.* Die grosse Zahl der Hütten und die Kapelle
erinnern an den regen Alpbetrieb vergangener Zeiten.

Bei der rechts unten sichtbaren tiefstgelegenen Hüttengruppe setzt sich die
Route zuerst ebenhin dem Hang entlang talauswärts fort. Oberhalb des
Maiensässes Moscioi beginnt, zuerst über offenes Gelände, später vorwiegend durch Wald, der lange Abstieg in den Talgrund der Valle della Porta, den
wir bei Pt. 634 erreichen. Nun zieht sich der Weg dem rechtsseitigen Hang
entlang talauswärts. Der Wald wird durch Rebgelände abgelöst, und wir
blicken auf die Brücke hinunter, die den heute vom Stausee ausgefüllten Eingang des Val della Porta überspannt. Der Name (porta = Türe, Tor) erinnert an
das schwere eiserne Tor, mit dem die Verzasker den Zugang zu ihrem Tal ver-
sperrten, wenn die Pest im Lande wütete oder feindliche Truppen im Anzug
waren.

Bald mündet unser Weg in das bereits im Aufstieg benützte Strässchen, auf
dem wir nach *Vogorno/S. Antonio* hinabsteigen.

8

Brione–Monte Zucchero–Sonogno

Oberhalb der Alpen Sambuco und Mugaglia führt diese ausgedehnte Bergtour über wegloses Gelände. Sie eignet sich nur für berggewohnte und ausdauernde Wanderer. Dagegen ist der Ausflug in das enge und wilde Val
d'Osola (Val d'Osura) bis zur Alpe d'Osola jedem Touristen zu empfehlen.

Route	Höhe in m	Hinweg	Rückweg
Brione 🚌	756	–	10 Std.
Alpe Osola	1415	2 Std. 30 Min.	8 Std.
Alpe Sambuco	1895	4 Std.	7 Std.
Monte Zucchero	2735	6 Std. 30 Min.	5 Std. 30 Min.
Alpe Mugaglia	1987	7 Std. 50 Min.	3 Std. 20 Min.
Fracèd	1047	9 Std. 25 Min.	45 Min.
Sonogno 🚌	918	10 Std.	–

An der Kirche von *Brione* (S. 113) vorbei schlagen wir das Gütersträsschen
nach dem Val d'Osola ein. Ausgangs des Dorfes beachten wir zur Linken die
in den Jahren 1927–1932 in Verbindung mit der Güterzusammenlegung
durchgeführte Verbauung des Osolabaches. Der am Prallufer errichtete
Damm verhindert die Unterspülung und bewahrt die Gemeinde Brione vor
weiterem Landverlust. Das Strässchen, welches an mehreren Granitbrüchen
vorbeiführt, endet kurz nach dem Maiensäss Aghei, aber ein guter Weg
ermöglicht die Fortsetzung unserer Wanderung am gleichen Ufer. Die Hänge
des Osolatales sind ausserordentlich steil. An die hauptsächlich mit Farnkraut und Ginster bewachsene Sonnenseite klammern sich in verschiedener
Höhe die grauen Würfelchen der Maiensässe. Die Schattseite dagegen ist
bis weit hinauf mit Wald bedeckt. In regelmässigen Abständen stürzt der
Osolabach über niedrige Stufen und bildet darunter klare, smaragdgrüne
Becken. Etwa 1 km nach dem letzten Maiensäss, Vald, überschreiten wir an
gut markierter Stelle den Bach und beginnen

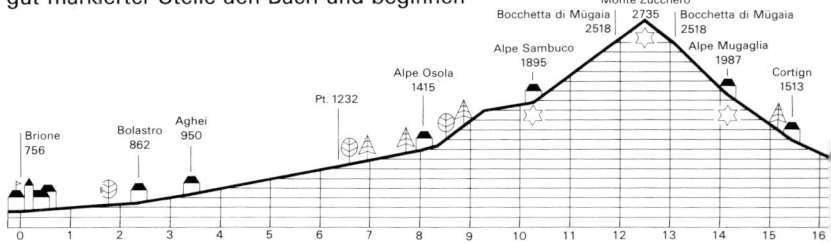

gegen das grösstenteils mit Buchenwald bestandene, von grossen Felsblök-
ken überdeckte Bergsturzgebiet anzusteigen. Während das Tal nach Norden
umbiegt und wir allmählich flacheres Gelände betreten, vermissen wir das
vertraute Rauschen des Bergbaches. Das Wasser der Osola versiegt hier
unter lockeren Schuttmassen, um weiter unten als Flussquelle wieder ans
Tageslicht zu treten. Der vom Monte Zucchero beherrschte, mit seinen dunklen Waldflecken und hellen, ausgetrockeneten Flussbetten landschaftlich
reizvolle Talgrund bildet eine breite Schwemmlandebene. Der Bergsturz
hatte durch die vollständige Abriegelung des Tales die Bildung eines Sees
verursacht, den die umliegenden Bäche im Laufe der Zeit mit ihrem
Geschiebe zuschütteten.
Von der *Alpe Osola* (Alpe Osura, 1415 m) aus folgen wir weitere 300 m dem
trockenen Bachbett, halten dann, die Markierung gut beachtend, links über
einen grasbewachsenen Schuttkegel schräg aufwärts, überqueren einen
Seitenbach und betreten das aus Erlen und Lärchen bestehende Wäldchen.
Der Aufstieg erfolgt auf einem gut ausgetretenen Weg. Er überwindet in
überaus steilen Serpentinen einen grossen, teilweise mit Wacholder-
gebüsch bedeckten Hang und quert zur *Alpe Sambuco* (1895 m) hinüber; sie
liegt hoch über dem von Felsen umschlossenen Talkessel. Auch diese Alp ist
heute verlassen.
Der grösstenteils pfadlose Aufstieg zum Monte Zucchero ist weiss-rot-
weiss markiert und bietet bei guten Sichtverhältnissen keine Schwierigkei-
ten. Wir wenden uns zuerst rechts aufwärts der Stelle zu, wo ein deutlicher
Weg die Bachrunse überquert. Nun leitet die Markierung mehr in der Fallinie
des mässig steilen Hanges allgemein in Richtung Gipfel des Monte Zucchero. Später biegt die Route etwas ostwärts ab und folgt dem Trümmerzug,
der sich zur Scharte der Bocchetta di Mügaia hinaufzieht. Auf der Passlücke
beachten wir die links abbiegende Markierung und ersteigen über den Süd-
grat und den mit Steintrümmern bedeckten Gipfelhang ohne Schwierigkei-
ten den *Monte Zucchero,* einen hervorragenden Aussichtsberg.
Wir kehren auf derselben Route zur Bocchetta di Mügaia zurück. Der Abstieg
zur Alpe Mugaglia erfolgt allgemein in östlicher Richtung. Einer schwach

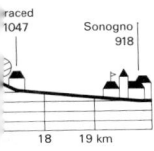

raced
1047   Sonogno
                  918

18   19 km

In Sonogno im Verzascatal sieht man noch rustikale Steinbauten (Routen 6, 8, 10, 11).

ausgeprägten, mit felsigen Absätzen durchsetzten Rippe wird nach rechts ausgewichen, wobei wir in den steileren Partien auf vereinzelte Pfadspuren stossen. Sie umgehen die länglichen Fluhbänder, die weiter unten den Hang durchziehen, und führen zu einem kunstvoll angelegten Treppenweg, der zu den Hütten des oberen Stafels (Corte di Cima) der *Alpe Mugaglia* (1987 m) absteigt. Wir halten links abwärts, finden aber erst dort, wo der Hang steiler wird, wieder einen deutlichen Weg, der durch die Mulde zur Hütte von Brüsoo absteigt. Über eine markante, grasbedeckte Rippe steigen wir 100 m tiefer, halten dann links abwärts durch das Lärchenwäldchen zu den Hütten des unteren Stafels Cortign (Pt. 1513). Schwache Pfadspuren führen zum oberen Rand eines Steilabsturzes hinab, wo uns ein gut ausgebauter, in zahlreichen Kehren angelegter Weg aufnimmt. Weiter unten quert er auf einem Grasband in nördlicher Richtung gegen das grosse Maiensäss Püscen Negro. Wir schlagen jedoch vorher den im Zickzack absteigenden Pfad ein. Bei Fracèd erreichen wir den Endpunkt des Strässchens, auf dem wir durch das Val Redorta hinaus nach *Sonogno* (S. 131) wandern.

9   Frasco–Alpe d'Efra–
Lago d'Efra

Ein idyllischer, in einer Karnische eingebetteter Bergsee ist das Ziel dieses
lohnenden Ausfluges.

Route	Höhe in m	Hinweg	Rückweg
Frasco 🚌	885	–	2 Std. 10 Min.
Efra	1067	40 Min.	1 Std. 40 Min.
Alpe d'Efra	1686	2 Std. 40 Min.	25 Min.
Lago d'Efra	1836	3 Std. 15 Min.	–

Der Weg ins Val d'Efra beginnt beim Hotel in *Frasco* (S. 117) mit einem kurzen,
steilen Aufstieg gegen den oberen Dorfteil und zieht sich dann in sanfter,
gleichmässiger Steigung der nördlichen Talseite entlang zu den Maiensässen *Efra* (1067 m) und Montada. Früher sollen in diesem engen, wilden Tal
mehrere Kalköfen in Betrieb gewesen sein. Hinter Montada wird ein erster
Seitenbach überquert. Nach wenigen Schritten geht es über einen weiteren
kristallklaren Seitenbach. Auf einem bequemen, erst kürzlich eigens für die
Wanderer angelegten Weg, der sich in rund 50 Kehren durch eine dichte
Farnkraut- und Strauchwildnis höherwindet, erklimmen wir den steilen Talschluss. An der verlassenen Hütte von Chignolo (1364 m) vorbei gewinnen
wir rasch an Höhe und betreten bald das Weidegebiet der *Alpe d'Efra*
(1686 m). Während um die Jahrhundertwende noch zehn Familien den
Sommer hier oben verbrachten, sind heute die noch in recht gutem Zustand
befindlichen Hütten verlassen, und das ausgedehnte Alpgelände dient nur
noch als Schafweide.
Schon bei der unteren Hüttengruppe der Alpe d'Efra zweigen deutliche
Wegspuren ab, die den Hang in südlicher Richtung queren und über gestuf-
tes, mit vereinzelten Lärchen bestandenes Gelände zum idyllischen, in einer
Karnische eingebetteten *Lago d'Efra* (1836 m) aufsteigen.

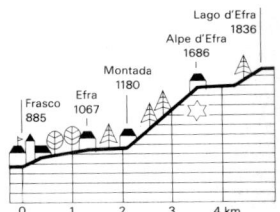

10 Sonogno–Cabioi–Lago Barone

Ein guter Alpweg führt durch den steilwandigen Trog des Val Vogornesso ins
Quellgebiet der Verzasca zu einem hochgelegenen Bergsee.

Route	Höhe in m	Hinweg	Rückweg
Sonogno	918	–	3 Std. 20 Min.
Cabioi	1079	1 Std.	2 Std. 30 Min.
Corte di Fondo	1487	2 Std. 15 Min.	1 Std. 40 Min.
Alpe Barone	2172	4 Std. 30 Min.	25 Min.
Lago Barone	2391	5 Std. 10 Min.	–

Wir schlagen in *Sonogno* (S. 131) das Gütersträsschen nach dem Val Vogornesso ein. Nach Secada führt eine Brücke über die Verzasca, und wir setzen
die Wanderung am linken Ufer fort. Zwischen den Maiensässen Vald und
Cabioi ragen noch die Überreste einer «serra» beidseitig in den Fluss hinaus.
Es handelt sich um eine ehemals in der Mitte durch ein Holztor verschliess-
bare Staumauer, die der Holzflösserei diente. Nach erfolgter Aufstauung
wurde durch das plötzliche Öffnen der Schleuse ein gewaltiger Wasser-
schwall erzeugt, der die Baumstämme nach dem Langensee beförderte. In
Cabioi, einem grösseren Maiensäss mit Bergkapelle, endet gegenwärtig des
Strässchen. Wir wechseln wieder ans rechte Ufer hinüber und setzen die
Wanderung auf einem Fussweg fort. Das Val Vogornesso biegt nun stark
nach Westen ab. Hoch über uns erkennen wir den breiten Sattel des Passo di
Piatto, auch Passo Laghetto genannt, über den zur Eiszeit der Tessinglet-
scher einen Arm nach dem Verzascatal aussandte. Die Begehung dieses
nach Chironico in der Leventina führenden Weges kann wegen seiner Steilheit und Exponiertheit nur guten Bergsteigern empfohlen werden.
Unser breiter, gut ausgebauter Weg überwindet in einigen Kehren eine kleine
Talstufe, über die sich die Verzasca in einer Serie herrlicher Wasserfälle
stürzt. In gemächlichem Aufstieg gelangen wir zur neuen Alphütte von *Corte*

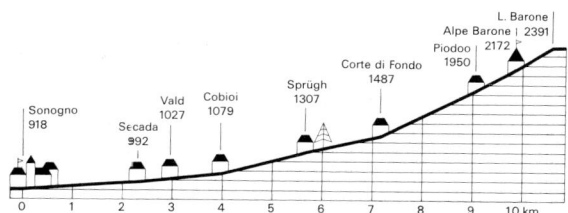

di Fondo (1487 m) im Talhintergrund des Val Vogornesso. Hier überqueren wir nochmals die Verzasca und halten schräg aufwärts zu den etwas höher gelegenen Hütten von Corte della Pianca. Über einen mächtigen, grasbedeckten Schuttkegel wenden wir uns der nördlichen Talflanke zu; an ihrem Fusse setzt ein guter Alpweg ein, der sich in einigen Serpentinen emporwindet und den Steilhang in nordwestlicher Richtung auf den Stafel Piodoo zu quert. Die grossen Platten in der Nähe der Alphütte dürften dem Stafel den Namen gegeben haben: pioda (ital.) = Felsplatte. Von der Hütte aus schlagen wir, nur wenig ansteigend, zuerst östliche Richtung ein, bis wir auf eine nach links schräg aufsteigende, teilweise mit Felstrümmern gefüllte Mulde stossen. Wir folgen ihrem Rande auf spärlichen Pfadspuren. Auf Quote 2130 m wenden wir uns scharf nach rechts, um über ein breites, von zwei plattigen Felsabbrüchen eingefasstes Grasband schräg anzusteigen.

Die *Alpe Barone* (Landeskarte: A. Baróm) ist mit 2172 m die höchstgelegene im Verzascatal. Die Alphütte ist zu einer Touristenunterkunft umgebaut worden. (16 Schlafplätze. Schlüssel beim Ristorante Alpino, Sonogno. Zur Inbetriebnahme des Gasautomaten für Licht und Kochherd 1-Fr.-Geldstücke mitnehmen.) Im weiteren Aufstieg holen wir zuerst nach rechts aus und folgen auf spärlichen Wegspuren der weiss-rot-weissen Markierung. Indem wir den kleinen Felsabsätzen im Zickzack ausweichen, erreichen wir gefahrlos den *Lago Barone* (2391 m).

Mit einer Wasserfläche von 0,08 km² ist er der grösste Bergsee des Verzascatales. In einem prächtigen, steilwandigen Karbecken gelegen, wurde er durch eine kleine Wallmoräne zusätzlich aufgestaut. Der Abfluss erfolgt unterirdisch. Die Rückwand des Hochkars bildet im Westen der Pizzo Barone, mit 2864 m der Kulminationspunkt des Verzascatales, und im Osten der felsige Pizzo di Campioni. Dazwischen liegt die Scharte des Passo Barone (2538 m), der in die Valle di Chironico hinüberleitet. Dieser rauhe, grösstenteils weglose Gebirgspass wurde erstmals im Jahre 1872 touristisch begangen. Er bietet guten Bergsteigern einen interessanten Übergang zur Capanna Alpe Sponda (SAC) und nach Chironico in der Leventina (siehe SAC-Clubführer Tessiner Alpen).

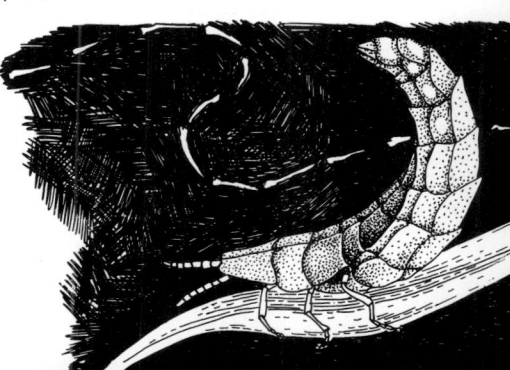

Leuchtkäfer-Weibchen mit Lichtpunkten am Hinterleib und Leuchtspur eines vorbeifliegenden Männchens. Hübsch ist die alte Vorstellung, dass die Leuchtkäfer Glücksbringer und Boten der nahen Getreideernte seien, was noch in italienischen Liedern und Kinderreimen zum Ausdruck kommt.

11 Sonogno–Passo di Redorta–Prato

Von den im allgemeinen recht beschwerlichen Übergängen zwischen Verzasca- und Maggiatal dürfte der Redortapass der lohnendste sein. **Achtung:** Das Wegstück durch die Felsen oberhalb der Alpe Pertüs ist gegenwärtig (1985) zerstört. Es kann mit Hilfe eines angebrachten Seiles vorsichtig begangen werden. Eine baldige Instandstellung des Weges ist vorgesehen.

Route	Höhe in m	Hinweg	Rückweg
Sonogno 🚌	918	–	7 Std. 15 Min.
Fracèd	1047	45 Min.	6 Std. 45 Min.
Alpe di Redorta	1714	2 Std. 40 Min.	5 Std. 30 Min.
Passo di Redorta	2181	4 Std.	4 Std. 30 Min.
Alpe Pertüs	1380	5 Std. 30 Min.	2 Std. 10 Min.
Monti di S. Carlo (Predee)	1001	6 Std. 15 Min.	1 Std.
Prato 🚌	742	7 Std.	–

In *Sonogno* (S. 131) gabeln sich die beiden Quelltäler der Verzasca, das Val Redorta und das Val Vogornesso. Ein geteertes Strässchen führt uns in das sich nach Nordwesten öffnende Val Redorta bis zum Weiler *Fracèd* (1047 m). Beim Parkplatz am Strassenende beginnt der markierte Bergweg. Er zieht sich auf der linken Seite des Hauptbaches steil empor. Auf Höhe 1320 mündet der vom gegenüberliegenden Maiensäss Püscen Negro (= Schwarzes Fischchen) herkommende Weg ein.

Auf der Rippe zwischen den beiden Bächen steigen wir auf spärlichen Pfadspuren etwa 120 m höher. Ein deutlicher Weg quert nun in das Tälchen zur Linken hinein, und über eine weitere Bergrippe erreichen wir die *Alpe di Redorta* (1714 m). Sie wird heute noch im Hochsommer bestossen.

Am Hang über den Alphütten ist die Route zunächst etwas undeutlich. Sie führt oberhalb des Totalisators (Regenmesser) durch steil aufwärts und quert weiter oben wieder als gut ausgeprägter Weg nach links. Wir verlassen

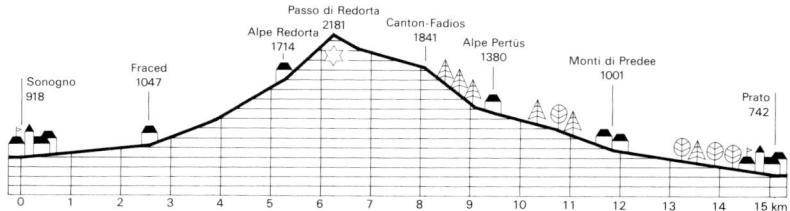

ihn in einer breiten Runse und halten, die Markierung gut beachtend, rechts steil aufwärts auf den Fuss einer markanten Felsrippe zu. Auf der Nordostseite dieser Rippe leitet eine steile, grasbedeckte und mit Felstrümmern übersäte Rinne zur schmalen Lücke des *Passo di Redorta* (2181 m) empor. Der zwischen der Corona di Redorta und dem Monte Zucchero liegende Passübergang war in früheren Zeiten ein beliebtes Wanderziel. Doch während mehrerer Jahre war der Weg auf der Seite des Maggiatales an verschiedenen Stellen durch Erdrutsche unterbrochen, vollständig verwahrlost und gefährlich. Die Instandstellung des am 1. August 1971 offiziell wiedereröffneten Weges kostete über zehntausend Franken.

Im Abstieg holt unsere Route zuerst etwas nach rechts aus. Zwischen Felstrümmern wenden wir uns dann, die Markierung gut beachtend, allmählich nach links. Auf der Terrasse über dem felsigen Abbruch in das Val di Pertüs folgt eine längere, leicht absteigende Querung in westlicher Richtung. Wenige Meter vor einer Hüttenruine (1841 m) beginnt der Abstieg über die Steilstufe ins Val di Pertüs.

Achtung: Das Wegstück über ein ziemlich ausgesetztes Fluhband ist gegenwärtig (1985) zerstört. Bis zur Instandstellung wurde provisorisch ein Seil angebracht, so dass die Stelle mit Vorsicht begangen werden kann.

Im Talgrund des Val di Pertüs angelangt, wechseln wir ans rechte Ufer des Baches hinüber, an dem wir auf unserem Weiterweg talauswärts verbleiben. Nach dem recht beschwerlichen Abstieg geniessen wir unterhalb der Hütten der *Alpe Pertüs* einige angenehme, reizvolle Wegpartien. Jenseits des Baches aus dem Val di Larecc betreten wir ein neueres Gütersträsschen und gelangen zum grossen Maiensäss *Monti di S. Carlo* (auch Monti di Predee genannt). Die Kapelle S. Carlo ist 1618 datiert. Aus dieser Zeit stammt wohl auch die Freske des hl. Karl in der Lünette über dem Portal. Hier mündet das Val di Pertüs in das grössere Val di Prato, in dessen Hintergrund sich der dreigipflige Campo Tencia erhebt. Er ist der einzige, nicht an der Grenze gelegene Dreitausender des Kantons Tessin.

Auf dem Strässchen wandern wir talauswärts und biegen schliesslich in das Val Lavizzara ein. Der Name Lavizzara ist auf die «laveggi» zurückzuführen. Es handelt sich um Töpfe, die in diesem Tal aus dem weichen, geschmeidigen Lavezgestein gedrechselt wurden. Beim Einbiegen ins Haupttal erblicken wir weiter talabwärts das Dorf Broglio, Heimat des bekannten Dichters Giuseppe Zoppi. Das Strässchen senkt sich allmählich dem Talboden zu, und wir erreichen bald das Ziel unserer Wanderung, die Ortschaft *Prato* (S. 128).

Locarno. Die Piazza Grande, von stimmungsvollen ▶
Bogengängen begrenzt, unter denen sich Cafés und
Kaufläden befinden. Hier lag einst der Hafen von
Locarno (Routen 2, 4).

12 Locarno–Solduno– Ponte Brolla–Bignasco

Abwechslungsreiche Talwanderung durch die Valle Maggia, die beliebig gekürzt werden kann.

Route	Höhe in m	Hinweg	Rückweg
Locarno-Solduno 🚂 🚌	222	–	8 Std. 15 Min.
Ponte Brolla 🚂 🚌	254	1 Std.	7 Std. 15 Min.
Tegna 🚂 🚌	254	1 Std. 10 Min.	7 Std. 05 Min.
Dunzio	538	2 Std. 50 Min.	5 Std. 50 Min.
Aurigeno 🚌	341	4 Std.	4 Std. 25 Min.
Moghegno 🚌	317	4 Std. 20 Min.	4 Std. 05 Min.
Lòdano 🚌	345	5 Std.	3 Std. 25 Min.
Someo 🚌	369	6 Std. 15 Min.	2 Std. 15 Min.
Abzw. nach Cevio	412	7 Std. 45 Min.	45 Min.
Bignasco 🚌	443	8 Std. 30 Min.	–

Bei der Piazza Alberto Vigizzi, oberhalb der Bahnstation von *Solduno* (S. 131) und zirka 150 m westlich der Kirche, wählen wir die durch den alten Dorfkern hinaufführende, Contrada Maggiore genannte Gasse. Bald biegen wir links in die Via alle Vigne ein, die oberhalb der Hauptstrasse und parallel zu dieser durch ein langgestrecktes Villenquartier führt. Bei Roncascio geht das Strässchen in einen schönen Fussweg über, der den bewaldeten Hang quert, allmählich ansteigt und das Strassenende der Via alle Vattagne erreicht. In einigen Kehren führt uns diese nach *Ponte Brolla* (S. 128) hinab. Auf der Strasse nach dem Centovalli begeben wir uns in wenigen Minuten nach *Tegna* (S. 132).

Vor dem Dorfplatz biegen wir rechts in ein schmales, gepflastertes Gässchen ein, das bald in den gestuften, im oberen Teil mit länglichen Platten belegten Weg zur Madonna Scalate (auch Oratorio S. Anna) übergeht. Von dieser aussichtsreichen Warte lässt sich der Stufenbau des Pedemonte gut überblicken. Der Weg biegt nun fast ebenhin in das kleine Val di Riei ein und

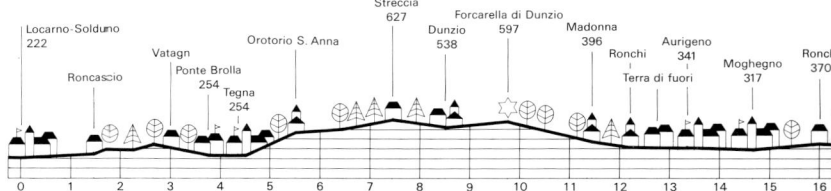

steigt, dem Bächlein entlang, zur Einsattelung von Streccia (627 m) empor. Erstmals überblicken wir den untersten Abschnitt des Maggiatàles mit den Dörfern Avegno und Gordevio. Im Abstieg überqueren wir das bewaldete Val Nocca und halten jenseits des Baches, bei der kleinen Lichtung von Djula, rechts abwärts nach *Dunzio*. Dieses Sommerdörfchen, auf einer Hochterrasse rund 250 m über der Maggia gelegen, gehört zur Gemeinde Aurigeno. Es war früher auch im Winter ständig bewohnt. Durch die sanft ansteigende Mulde erreichen wir die Forcarella di Dunzio. Erstmals umfasst der Blick das Maggiatal bis hinauf nach Someo. Durch den breiten Talboden schlängelt sich die Maggia, oft in mehreren Seitenarmen, durch die ungeheuren Kiesmassen, welche sie in der zweiten Hälfte des letzten Jahrhunderts hier ablagerte. Ungezügelte Rodungen führten damals zu verheerenden Hochwassern, und wertvolles Kulturland wurde unter dem Schutt begraben.

Seit Jahren ersetzt das in zwei weiten Kehren absteigende geteerte Strässchen den Saumweg, der in früheren Zeiten zur Umgehung der Talenge von Ponte Brolla diente. An der Madonna del Carmine vorbei erreichen wir den Talboden bei dem zu Füssen eines Weinberges liegenden Weiler Ronchi (S. 129). Von der Fraktion Terra di Fuori führt uns ein Strässchen, an der Pfarrkirche San Bartolomeo vorbei, nach *Aurigeno* (S. 112).

Wir folgen der Strasse, die zur Bus-Haltestelle Aurigeno–Moghegno führt, und schwenken bei der Rechtsbiegung jenseits des Baches links in das Strässchen nach *Moghegno* (S. 126) ein.

An einem Sturzbach, wenige Schritte ausserhalb Moghegno und auf unserem Weiterweg nach Lòdano, stehen drei übereinandergebaute Maismühlen. Auf lichte Kastanienselven mit uralten, knorrigen Stämmen folgen mit Winzerhäuschen übersäte Weinberge. Bald verlassen wir das geteerte Fahrsträsschen und folgen, die Markierung beachtend, einem höher verlaufenden Fussweg. Bald haben wir das Dörfchen *Lòdano* (S. 124) erreicht.

Beim nördlichen Dorfausgang führt uns zunächst ein geteertes Strässchen weiter. Kurz nach dem Überqueren des Wildbaches aus dem Val di Lòdano, dessen Schuttfächer die Maggia auf die gegenüberliegende Talseite drängt,

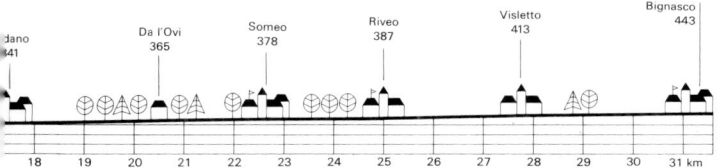

Von den Höhen über Locarno umfasst der Blick die Magadinoebene, das vom Monte Tamaro überragte obere Seebecken des Lago Maggiore, das Maggiadelta (Route 2).

halten wir rechts abwärts und gelangen in den Engpass zwischen der Maggia und dem felsigen Berghang. Am jenseitigen Ufer liegen die Dörfer Coglio und Giumaglio. Nun windet sich der schmale Pfad durch die langgezogene Reihe der «cascine», die das Wiesengelände von Da l'Ovi säumen, übersteigt das wilde Trümmerfeld eines Schuttkegels und senkt sich allmählich wieder gegen das Flussbett. Hier durchquert der mit einem Geländer gesicherte Weg einen felsigen Engpass über einem Nebenarm der Maggia. An dessen Ende wenden wir uns zuerst nach rechts dem Rande des Geröllbettes entlang, überqueren auf deutlichem Pfad die Schwemmlandebene und halten auf den Beginn der Hängebrücke zu. Diese überquert in einer Länge von über 300 m das breite, von mehreren Wasserrinnen durchsetzte Flussbett der Maggia. Ein kurzer Gegenanstieg führt uns zur Autobus-Haltestelle in *Someo* (S. 131). Von Someo bis Visletto (ca. 5 km) benützt man mit Vorteil den Autobus. Immerhin wurde für Unentwegte entlang der Strasse der Überrest des ehemaligen Bahntrassees als Wanderroute markiert. Durch das langgezogene Dörfchen Riveo kann man ein Stück weit sogar abseits der Strasse wandern. Vor der Strassenbrücke in Visletto bleiben wir am linken Maggiaufer und folgen, an der Hängebrücke nach Cevio vorbei, dem schönen Fussweg nach *Bignasco* (S. 112).

Abzweigungen

a) Aurigeno–Autobus-Hst. Ronchini 🚌 20 Min.
b) Moghegno–Autobus-Hst. Aurigeno/Moghegno 🚌 20 Min.
c) Pt. 412 (Hängebrücke nach Visletto)–Cevio 🚌 10 Min.

13 Someo–Bocchetta di Doia–Vergeletto

Empfehlenswert als Zweitagestour mit Übernachtung in der Capanna d'Alzasca. Der reizvoll gelegene Lago d'Alzasca ist ein lohnendes Ziel für bergungewohnte Wanderer, die auf den Übergang ins Vergelettotal verzichten möchten.

Route	Höhe in m	Hinweg	Rückweg
Someo 🚌	349	–	7 Std. 45 Min.
Corte di Sotto	1123	2 Std. 45 Min.	5 Std. 50 Min.
Capanna d'Alzasca	1734	4 Std. 50 Min.	4 Std. 30 Min.
Lago d'Alzasca	1855	5 Std. 10 Min.	4 Std. 20 Min.
Bocchetta di Doia	2057	6 Std.	3 Std. 45 Min.
Alpe di Doia	1737	6 Std. 35 Min.	2 Std. 45 Min.
Vergeletto 🚌	905	8 Std. 30 Min.	–

Von der Autobus-Haltestelle *Someo* (S. 131) folgen wir dem durch den Wegweiser angegebenen breiten Weg über den Talboden und zweigen nach ca. 200 m rechts ab zur 300 m langen Hängebrücke, auf der wir das Flussbett der Maggia überqueren. Am Brückenende biegt unsere Route rechts ab. Wir achten nun gut auf die Markierung. Der manchmal etwas undeutliche Weg führt abwechslungsweise dem Bergfuss entlang oder über das sandige Ablagerungsgebiet der Maggia. Bei einer Wegkapelle beginnt der Aufstieg zu den Alpen des Val Soladino. Um die Mündungsstufe dieses Hängetales zu überwinden, führt ein fast ununterbrochener Treppenweg über die 700 m hohe Trogwand der Valle Maggia zu den ersten Maiensässen empor. Wir gewinnen rasch an Höhe. Ein steinernes Brücklein wölbt sich über den Soladinobach. Hier stürzt sich das Wasser nur noch zeitweise über die Felswand in die Tiefe, einen der schönsten Wasserfälle des Tessins, die Cascata di Soladino, bildend. Meist wird es in den 24 km langen Freilaufstollen geleitet, der die Zentrale Cavergno der Maggiawerke mit dem Ausgleichsbecken Palagnedra (Centovalli) verbindet. Der Weg windet sich in unzähligen Ser-

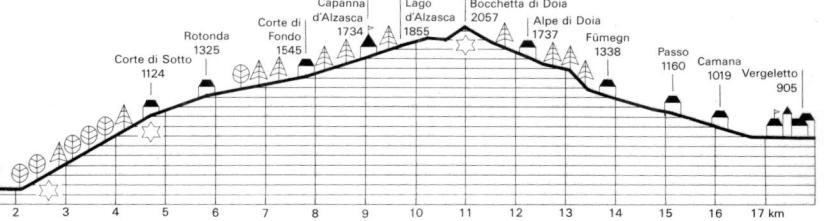

pentinen den steilen Hang empor. Bei der Weggabelung nach der Schutzhütte halten wir rechts aufwärts. Auf eine steile Bergrippe folgt eine längere
Querung, dann treten wir auf die Bergwiesen des Maiensässes *Corte di Sotto*
(1123 m) hinaus. Mit Blick in den Talgrund von Soladino und auf den Pizzo
Cramalina steigen wir weiter zum Maiensäss Rotonda. Die steilen, von Hüt-
ten und Heustadeln übersäten Hänge werden von unserer Route in stetigem
Aufstieg taleinwärts traversiert. In gleicher Richtung setzen wir unsere Wanderung durch Tannen-, Lärchen- und Buchenwald fort und erreichen die
1951 erbaute Alphütte von Corte di Fondo.
Durch lockeren Lärchenbestand steigen wir taleinwärts zur 1955 durch die
Sektion Locarno des SAC erbauten *Capanna d'Alzasca* (1734 m) empor.
Nun wenden wir uns in südlicher Richtung dem mit Lärchen und dichtem
Alpenrosengesträuch überdeckten, den Talschluss bildenden Hang zu. Die
markierte Route führt uns schräg aufwärts zum *Lago d'Alzasca* (1855 m). Der
reizvoll in einem hochgelegenen Kar eingebettete Moränenstausee, mit seinem klaren Wasser ein Kleinod in dieser rauhen Gebirgslandschaft, ist ein
beliebtes Ausflugsziel der Forellenfischer. Beim Ausfluss des Soladino-
baches aus dem Lago d'Alzasca steigen wir in südlicher Richtung über die
nächste Kuppe und halten auf deutlichem Weg auf eine markante Lücke zu.
Leicht absteigend, umgeht der Weg eine weitere Karmulde und windet sich
in steilem Zickzack zur *Bocchetta di Doia* (2057 m) empor. Der Übergang wird
auch als Passo Rocchetti oder Passo Cramalina bezeichnet. Der Blick umfasst nun die Bergketten des Onsernone und Centovalli und schweift nach
Westen bis zu den eisgepanzerten Spitzen des Monte Rosa.
Von der Lücke aus gehen wir wenige Schritte nach links, verlassen bei der
Gabelung den zur Alpe di Remiasco führenden Weg und steigen rechts ab-
wärts in die sich nach Süden öffnende Mulde. An ihrem Ausgang holt der
markierte Weg zu einem weiten Bogen nach links aus und führt zur *Alpe di
Doia* hinunter.
Wir halten von der Alphütte direkt hangabwärts, um dann nach rechts ab-
zubiegen. Es folgt nun eine längere Querung durch den steilen, bewaldeten
Hang, mit kleineren Gegensteigungen durchsetzt. Nach einer felsigen Hang-
partie beginnt der steile Abstieg im Zickzack zum 200 m tiefer gelegenen
Talboden der Valle di Fümegn, wo wir bei Pt. 1394 auf einen grösseren Alp-
weg stossen. Unsere Route führt nun talauswärts, an den Hütten von
Fümegn und Passo vorbei. Über die Mündungsstufe der Valle della Camana
windet sich ein breiter Fahrweg zum Talboden der Valle di Vergeletto hinab.
Auf der Talstrasse erreichen wir in kurzer Zeit *Vergeletto* (S. 137).

Nebenroute
Bocchetta di Doia–Alpe di Remiasco–Piano–Vergeletto ▄▄▄ 2 Std. 30 Min.

14   Cevio–Morella–
Lago di Sascòla–Cevio

Bergtour mit beträchtlichem Höhenunterschied zu einem reizvollen, wenig
bekannten Bergsee.

Route	Höhe in m	Hinweg	Rückweg
Cevio 🚌	414	–	7 Std. 15 Min.
Morella	1124	2 Std. 10 Min.	5 Std. 45 Min.
Lago di Sascòla	1740	4 Std. 10 Min.	4 Std. 30 Min.
Rotonda	1268	5 Std. 15 Min.	2 Std. 50 Min.
Faido	700	6 Std. 40 Min.	50 Min.
Cevio 🚌	414	7 Std. 15 Min.	–

Von der Autobus-Haltestelle in *Cevio* (S. 116) aus begeben wir uns auf der
Strasse nach Campo und Bosco-Gurin zum Weiler Rovana, am Eingang der
Valle di Campo. Dort zweigen wir links zur Madonna del Ponte oder Oratorio
della Rovana (S. 124) ab. Auf der Brücke überqueren wir die Rovana, folgen
einige Schritte dem Strässchen nach Boschetto und biegen kurz vor den
Steinbrüchen scharf nach rechts ab. Der schön angelegte, bequeme Weg
führt in zahlreichen Kehren aufwärts. Bei einer deutlich markierten Stelle
verlassen wir die taleinwärts führende Route und wählen den links abzweigenden Alpweg nach Morella. Dieser windet sich weiter durch den Wald
empor zu den Hütten von Lisself. Hier betreten wir den sich zwischen den
Tälern der Rovana und des Ri di Boschetto erhebenden Rücken, dem wir aufwärts zum Maiensäss Morella di Sotto folgen. Nun zieht sich der Weg am
Osthang in das Tal des Ri di Boschetto hinein. Bei der markierten Gabelung
nach der zweiten Hüttengruppe von *Morella* halten wir rechts (der Weg links
überquert das Tal und führt über Valle nach Costa).
Unsere Route hält sich, nur schwach ansteigend, in der Nähe des Baches. Im
Talhintergrund (Pt. 1300) wendet sich der schmale, aber gut markierte Pfad
rechts aufwärts durch lichten Lärchenwald und Heidelbeergesträuch. Er

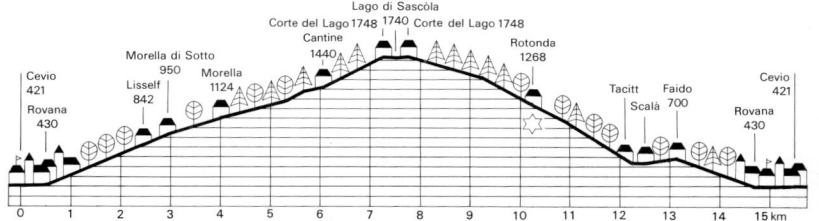

durchquert die zwei kleinen Lichtungen von Cantina del Cortino und Cantine. Erst 200 m oberhalb der letzteren treten wir wieder aus dem Wald auf eine mit Steintrümmern übersäte Mulde hinaus. Die Markierung beachtend, queren wir nach links. Einige gut sichtbare, aus Steinplatten gefügte Stufen führen uns auf die Rippe vor der Bachrunse des Ri di Sascòla. Diese wird nicht überquert, wie die Karte angibt, sondern man folgt der Rippe aufwärts, um schliesslich nach rechts zu den Alphütten von Corte del Lago zu gelangen. Wir erreichen den *Lago di Sascòla*, einen der schönsten Tessiner Bergseen, über den Wall, der ihn talwärts begrenzt. Der See liegt in einer im Hintergrund durch eine Felswand abgeschlossenen Karnische und verdankt seine Entstehung, wie die meisten alpinen Seen, der Erosion durch einen lokalen Gletscher. Die Uferhänge sind mit Alpenrosengesträuch und vereinzelten Lärchen bestanden, die teilweise recht bizarre, für die Kampfzone typische Formen aufweisen. Wir kehren zur Corte del Lago zurück, wo wir links abwärts halten, wiederum einer rot-weissen Markierung folgend. Die Route quert den Osthang des Pizzo Sascòla und gabelt sich bald in zwei markierte Varianten. Die obere steigt bis zum Corte Grande der Alpe Sascòla etwas an, führt zunächst als schmaler Pfad in gleicher Richtung fast ebenhin weiter, senkt sich dann in steilem Zickzack parallel zu einem Seitenbach, um sich schliesslich mit dem unteren Weg zu vereinigen. Der nun gut ausgeprägte Alpweg zieht sich weiter dem Hang entlang zum Maiensäss *Rotonda* hinab. Die vorgelagerte Kuppe gleicht einer hochgelegenen, aussichtsreichen Kanzel über den Tälern der Maggia und der Rovana.
Den Abstieg auf der Nordseite können wir nicht verfehlen, wenn wir an den untersten drei Hütten vorbei zum unteren Rand der Lichtung absteigen, wo der Einstieg in den Wald deutlich zu sehen ist. Über den äusserst steilen, von felsigen Schluchten durchfurchten Hang führt uns ein guter Weg in unzähligen Kehren sicher dem Talgrund der Rovana zu. Wir dürfen ihn aber auf keinen Fall verlassen. In der Tiefe liegt das aus mehreren Fraktionen bestehende Dorf Linescio.
Bei Tacitt steigen wir bis zu den unteren Hütten ab. Bei einer länglichen Hütte verlassen wir den weiter absteigenden Weg und halten auf einem Pfad ebenhin nach rechts. Wer diese (nicht markierte) Abzweigung verpasst, muss kurz vor der nach Linescio hinüberführenden Rovanabrücke nach rechts auf einem steilen Treppenweg wieder die verlorene Höhe gewinnen.
Über *Faido*, eine heute nur noch als Maiensäss benützte ehemalige Fraktion von Linescio, führt uns der schöne Hangweg nach *Cevio* zurück.

Abzweigungen
a) Morella–Rotonda 25 Min.
b) Scalà–Linescio ▭▭ 20 Min.

Die berühmten Brissagoinseln. Links der Iso- ▶ lino, rechts die Isola Grande. Im Hintergrund die verschneiten Hänge des Monte Tamaro und des Monte Gambarogno (Route 15).

15

Ascona–Ronco–
Brissago/Valmara

Vielbegangene Route, welche die malerischen Siedlungen über dem Lago Maggiore verbindet. Ihrer herrlichen Ausblicke wegen lohnt sich die Wanderung immer noch, obschon sie heute grösstenteils auf geteerten Strässchen verläuft.

Route	Höhe in m	Hinweg	Rückweg
Ascona 🚋 ⛴	207	–	4 Std. 10 Min.
Ronco s. A. 🚋	350	1 Std. 20 Min.	3 Std.
Porta	370	2 Std. 40 Min.	1 Std. 45 Min.
Incella	369	3 Std. 15 Min.	1 Std. 10 Min.
Piodina	351	3 Std. 40 Min.	45 Min.
Val Mara/Grenze	206	4 Std. 15 Min.	–

Im alten Dorfteil von *Ascona* (S. 111), gegenüber dem Ristorante della Posta Antica, biegen wir in die Scalinata della Ruga ein. Die steile Treppe mündet in die sanft ansteigende Strada del Rondonico, der wir in westlicher Richtung folgen. Nachdem wir rund 400 m auf der nach Moscia absteigenden Strada della Collinetta zurückgelegt haben, schlagen wir rechts den mit einer Tafel (sentiero romano) bezeichneten Römerweg ein. Zwischen Ginster, Farnkraut und runden Felsköpfen hält der Weg schräg aufwärts, mündet zunächst in die Strasse, die den Monte Verità mit Ronco verbindet, setzt sich jenseits der Bachrunse fort und stösst bei der Capella Gruppaldo auf die von Arcegno herkommende Strasse. Bei der Gabelung wählen wir mit Vorteil die untere, schmalere, dafür weniger verkehrsreiche Strasse nach *Ronco s. A.* (S. 129). Durch die engen Gassen des Dorfes steigen wir zur Via Barcone empor, einem Höhensträsschen, welches Ronco mit den Weilern oberhalb Brissago verbindet. Bis zum Tobel der Valle di Crodolo steigt es allmählich an, und wir geniessen die Aussicht auf den See und die Inseln von Brissago (S. 120). Südlich der Valle di Crodolo senkt sich das Strässchen allmählich und mün-

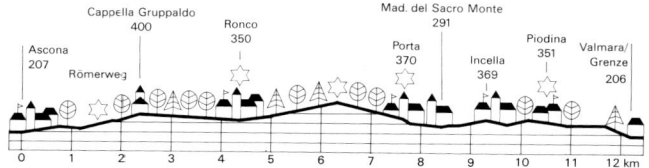

det kurz vor der Fraktion *Porta* in die von Brissago aufsteigende Strasse. Bei der Kirche führt uns eine Treppe steil abwärts, zwei Kehren des Strässchens schneidend. Bei der Haarnadelkurve knapp über dem Weiler Cartogna zweigt ein Strässchen ab, das durch das gleichnamige Tobel zum Kirchlein Sacro Monte Addolorato (S.125) führt. Beim zweiten, weissen Kirchlein schlagen wir rechts den zur Fraktion Cadogno aufsteigenden Weg ein. Etwas tiefer liegt das 1913 eröffnete Eisenbahner-Ferienheim Brenscino. Es ist von einem gepflegten, 11000 m^2 umfassenden Park umgeben, in dem man neben auserwählten Exemplaren fast alle in der Gegend gedeihenden Pflanzen auch Fächerpalmen, Ölbäume und Bananenstauden findet. An einem Haus des Weilers Cadogno findet man eine Renaissancefreske aus der ersten Hälfte des 16. Jh. Sie stellt die Madonna zwischen den Heiligen Antonius und Sebastian dar.

Um nach Incella zu gelangen, können wir die Strasse benützen. Lohnender ist es jedoch, am Ende des Strässchens in Cadogno rechts aufwärts zu halten. So gelangen wir auf einen Fussweg, der zuerst durch Wald etwas ansteigt, dann das Rebgelände unter einer Mauer durch Richtung *Incella* (S.119) quert. Bei der Strassenkurve oberhalb eines auffallenden, hohen Gebäudes aus dem Jahre 1577 zweigt, durch Wegweiser gekennzeichnet, der Pfad ab, der durch die stark bewaldete Valle di Ponte nach *Piodina* (S.128), hinüberquert.

Wir benützen zunächst die nach Ponte absteigende, weit nach Süden ausholende Strasse. Bei der Kurve setzen wir unsere Wanderung auf einem wenig befahrenen Strässchen in gleicher Richtung fort. Zahlreiche Villen säumen unseren Weg. In Cagetto, am Ende des Strässchens, beginnt der Abstieg ins enge, wilde Grenztobel des *Val Mara*. Dieses Wegstück wurde 1977 im oberen Teil durch Rutschungen verwüstet und in der Zwischenzeit wieder hergestellt. Zwischen den beiden Zollhäusern des gleichnamigen Grenzüberganges betreten wir die Hauptstrasse. Um die nächste Autobus- oder Schiffsverbindung zu erreichen, begeben wir uns auf der Strasse (Trottoir) dem See entlang nach Brissago.

Nebenroute
a) Ascona–Monte Verità–Sentiero dei Felci–Sentiero ai Laghetti–Sentiero Romano–Gruppaldo–Ronco 🚋 1 Std. 15 Min.

Abzweigungen
b) Ronco–Porto Ronco 🚋 🚌 25 Min.
c) Ronco–Fontana Martina–Brissago 🚋 🚌 1 Std.
d) Porta–Brissago 🚋 🚌 20 Min.
e) Mad. del Sacro Monte–Brissago 🚋 🚌 10 Min.

16 Brissago–Alpe di Naccio– Pizzo Leone

Eindrucksvolle Bergtour, besonders im Herbst, wenn die farnbedeckten Hänge in leuchtendem Rot stehen. Zufahrt mit Auto bis zum Maiensäss Alba Nova möglich.

Route	Höhe in m	Hinweg	Rückweg
Brissago 🚃 ⛴	211	–	3 Std. 10 Min.
Porta	370	40 Min.	2 Std. 40 Min.
Alba Nova	950	2 Std. 20 Min.	1 Std. 30 Min.
Alpe di Naccio	1395	3 Std. 40 Min.	40 Min.
Pizzo Leone	1659	4 Std. 45 Min.	–

In nördlichen Dorfteil von *Brissago* (S. 114), neben einem Tabakladen, biegen wir bergwärts in ein schmales Gässchen (Via Gerusalemme) ein. Es führt uns zu einer Kapelle, unter deren bogenartigem Vorbau der Stationenweg nach der Madonna del Sacro (S. 125) beginnt.

An der eisen- und magnesiumhaltigen Fonte Vittoria vorbei durchqueren wir das Tobel. Über dem Weiler Cartogna, bei der Einmündung in die von Brissago her aufsteigende Strasse, biegen wir links in den steilen Treppenweg nach Porta ein. Die Fraktionen Cartogna und Porta können auch auf einem steilen Treppenweg erreicht werden, der gegenüber dem Parkplatz eingangs Brissago beginnt (Wegweiser). Unterhalb der Siedlung *Porta* folgen wir der Strasse bis zur nächsten Rechtskurve. Mit einer Treppe beginnt hier ein gepflasterter Weg, der durch eine Mulde zum höchstgelegenen Weiler der Gemeinde Brissago, Gàdero, aufsteigt. Bei der Rechtskurve innerhalb des Dörfchens biegen wir in das Gässchen links ein, steigen über eine lange Treppe zum Wald empor, wo uns ein geteertes Strässchen in drei Kehren zur Strasse nach den Monti hinaufführt. Wenige Schritte nach der Rechtskurve nimmt uns die breite Trasse des alten Saumweges auf. In weitausholenden Serpentinen, die Strasse ein einziges Mal kreuzend, steigt unser Weg zum

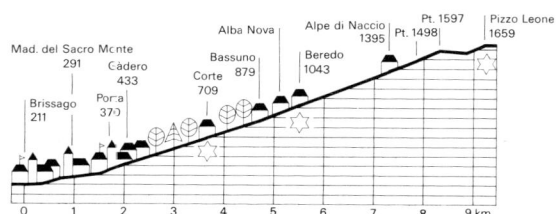

Blick vom Gridone ins Centovalli. In der Tiefe erkennt man die Talstrasse nach Locarno und darüber die Kuppe des Pianascio (Route 17).

Maiensäss Corte empor. Wir folgen dem Strässchen etwa 200 m aufwärts und schwenken rechts wieder in den vertrauten Saumweg ein. An der Lichtung von Pia vorbei holt er zu einer weiten Schleife ins Tobel der Val Cornuro aus, erreicht bei den Häusern von Bassuno wieder die Bergrippe.

Von hier aus folgen wir dem Fahrsträsschen bis zu seinem Ende in *Alba Nova*. Ein schmaler Wiesenpfad klimmt über offene, steile Hänge zu den höchstgelegenen Maiensässen Cortone und Beredo (1043 m) empor. Bei dem letzteren, am länglichen Gebäude mit Balkon erkennbar, halten wir stark nach links. Der Pfad windet sich über die immer steiler aufstrebende Bergrippe höher. Der wilde Felsgrat des Costone dei Lenzuoli, der sich vom Gridone aus nach Nordosten zieht, nimmt unsere Aufmerksamkeit gefangen. Ein unvergleichlicher Anblick bietet sich dem Wanderer im Herbst, wenn die schroffe Felsmauer unmittelbar aus dem flammenden Rot der mit Farnkraut bewachsenen Hänge aufsteigt. Eine lange Querung nach Nordosten führt uns in

gleichmässiger Steigung auf den Kamm zwischen Pizzo Leone und Corona
dei Pinci, den wir bei der *Alpe di Naccio* (1395 m) betreten. Der Aufstieg zum
Pizzo Leone (1659 m) erfolgt auf Route 19.

Abstiege
a) A. di Naccio–Rasa 🚠 1 Std. 30 Min. (siehe Route 19).
b) A. Di Naccio–Casone–Ronco s. A. 🚌 2 Std. 10 Min. (siehe Route 21).

17   Mergugno–Alpe Arolgia– Gridone

Anspruchsvolle, bei plötzlichem Witterungsumschlag nicht ungefährliche
Bergtour. Nur für geübte Berggänger. Der Gridone gilt als einer der hervorragenden Aussichtsberge des Tessins. Durch die Benützung des Autos bis zu
den Maiensässen Mergugno oder Cortaccio wird die Besteigung wesentlich
erleichtert.

Route	Höhe in m	Hinweg	Rückweg
Mergugno	1037	–	2 Std. 15 Min.
Alpe Arolgia	1740	2 Std.	1 Std.
Gridone	2188	3 Std. 30 Min.	–

Unser Aufstieg zum Gridone beginnt in *Mergugno* (1037 m), am Ende des
von Brissago über Incella heraufführenden Strässchens. (Aufstieg von Brissago zu Fuss ca. 2 Std. 45 Min.) Beim Parkplatz leiten uns der Wegweiser
und die weiss-rot-weisse Markierung auf den Fussweg, der sich zunächst
über einen ausgedehnten, mit Farn bewachsenen Hang emporwindet. Bei
Pislone (Pt. 1220) erreichen wir einen Rücken, auf dem wir nun in südwestlicher Richtung den steilen Aufstieg fortsetzen. Bald dringen wir in den
bekannten Goldregenwald ein, in dem nebst mächtigen Buchen auch zahlreiche Exemplare des Goldregens stehen. Oberhalb des Waldes, bei Mar-

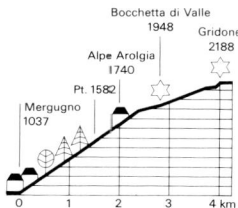

gozzone (Pt. 1582), geniessen wir einen herrlichen Ausblick über den Lago
Maggiore vom Seende bis Luino. Vorwiegend durch Erlengestrüpp windet
sich der Weg weiter den Hang empor und erreicht die nicht mehr bestossene, nur gelegentlich von Ziegen aufgesuchte *Alpe Arolgia.*
Nun wendet sich die Route der südlich von der Alp aufwärts strebenden
Rippe zu, auf der wir den Aufstieg fortsetzen. Erst nach weiteren 100 Höhenmetern queren wir auf der oberen der zwei vorhandenen Pfadspuren in westlicher Richtung zur Bocchetta di Valle (1948 m). Durch den wilden Trichter
der Valle di Bordei taucht der Blick erstmals in den schluchtartigen Einschnitt des Centovalli. Wir folgen zuerst der in südwestlicher Richtung
gegen Pt. 2138 ansteigenden Rippe, queren jedoch bald Richtung Gridone-
Gipfel (Kreuz!) auf deutlicher Wegspur in die schattige Nordflanke, die steil
gegen die Valle di Bordei abfällt. Durch ein leicht begehbares Couloir erklimmen wir den Grenzgrat, auf dessen südwestlicher Abdachung uns mehrere
Pfadspuren auf die Gipfelkuppe des *Gridone* (2188 m) führen.
Der Name Gridone (gridare = schreien) erinnert nach einer Tessiner Sage an
das klägliche Rufen eines auf die Felsen dieses Berges verbannten Geistes,
das bei Südwind bis ins Pedemonte hinab zu vernehmen war. Als Grenzgipfel
führt der Gridone auch den weniger gebräuchlichen Namen Monte Limida-
rio. Was neben der Fernsicht den Gridone zu einem hervorragenden Aussichtspunkt stempelt, ist der eindrückliche Tiefblick ins Centovalli. Wir
erkennen deutlich die Grenzschlucht bei Ponte Ribellasca, den fjordähnli-
chen Stausee von Palagnedra, die hochgelegenen Terrassendörfchen beid-
seits der Schlucht, die Centovallibahn mit ihren kühnen Viadukten. Über den
eigenartig gerippten Felsgrat des Costone dei Lenzuoli schweift der Blick
zum oberen Seebecken des Lago Maggiore, mit Ascona und Locarno in den
Winkeln des Maggiadeltas, erfasst die Magadinoebene bis zur turm- und
zinnenbewerten Kantonshauptstadt. Hinter der Tamarokette und über dem
Einschnitt des Tresatales zeigen sich markante Formen der Luganeser Landschaft, besonders deutlich der Monte Generoso und der San Giorgio. Nach
Süden folgt der Blick der breiten, schimmernden Wasserstrasse des Lago
Maggiore über die Borromäischen Inseln hinaus in dunstige Fernen, wo sie
keilförmig in die lombardische Tiefebene einbricht.

Nebenroute

a) Cortaccio (Ende des Fahrsträsschens von Brissago aus)–Alpe Arolgia–
    Gridone 3 Std. 30 Min.

Abstieg

b) Gridone-A. Arolgia–Cortaggio 2 Std. 15 Min.,–Brissago ▦ ⬥
    3 Std. 45 Min.

18   Ascona−Arcegno−Intragna

Angenehme Halbtagstour; führt zu charakteristischen Tessinerdörfern,
nicht zu etzt jedoch auch über den einstmals berühmten, durch Schwärmer-
und Sektierertum jedoch in Misskredit gekommenen Monte Verità.

Route	Höhe in m	Hinweg	Rückweg
Ascona 🚂 🚌	207	−	2 Std. 15 Min.
Monte Verità	321	20 Min.	2 Std.
Arcegno 🚌	387	1 Std.	1 Std. 25 Min.
Golino 🚂	267	1 Std. 55 Min.	20 Min.
Intragna 🚞	339	2 Std. 20 Min.	−

Von der Post in *Ascona* (S.111) folgen wir der Hauptgasse seewärts und biegen nach 100 m rechts in die Strada di Rondonico ein. Diese zieht sich dem
mit Villen überbauten Hang der Collina entlang schräg aufwärts. Bei der Scalinata della Ruga zweigen wir rechts ab und steigen über einen Treppenweg
zur Strasse nach dem Monte Verità empor. Entsprechend der Wegweiser-
Markierung können wir auch der Strada di Rondonico bis zur Einmündung in
eine grössere Strasse folgen, dann rechts zum *Monte Verità* (S.126) und
Parco Parsifal halten.
In der Einsattelung südwestlich des Hotels Monte Verità schlagen wir links
das Strässchen nach Ronco ein und wählen den rechts abzweigenden Bir-
kenweg (Sentiero delle Betulle). Zwischen glazial überschliffenen Granit-
höckern geht es durch lichten, 1938 durch Waldbrand verwüsteten Birken-
wald empor. Der Pfad strebt dem Engpass zwischen den beiden Felsköpfen
Gratena und Balladrüm zu und mündet in einen breiteren Weg, dem wir links
aufwärts zur Strasse nach *Arcegno* (S.111) folgen. Durch den westlichen
Dorfteil und über offenes Gelände ansteigend, führt ein Strässchen zu den
im Wald verstreuten Schlaf- und Wohnbaracken des Campo Enrico Pestalozzi. Dieses wurde 1928 zur Beherbergung von Ferienlagern und Tagungen
protestantischer Jugendgruppen errichtet.

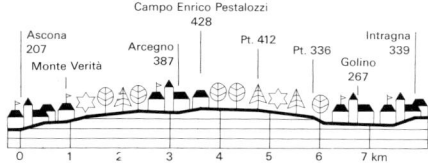

Das Strässchen nach Golino, auf dem wir unsere Wanderung fortsetzen, wurde 1942 durch polnische Internierte erbaut. Zu unserer Rechten dehnt sich eine eigentümliche, vom eiszeitlichen Maggiagletscher geformte Rundhöckerlandschaft aus. Mit ihren relativ hohen, bewaldeten Gneisbuckeln, die sich vom Barbescio über Maia, Gratena, Balladrüm bis zum Monte Verità erstrecken und vermutlich in der Inselgruppe von Brissago einen letzten Ausläufer besitzen, mit den darin eingeschlossenen Tümpeln und kleinen Torfmooren erinnert sie an ähnlich gebildete Landschaften des hohen Nordens. Eine unbewaldete Felsrippe, um die das Strässchen stärker nach Westen abbiegt, gibt die Aussicht auf die breite Ebene des Pedemonte frei, durch die sich jüngere und ältere, durch Waldstreifen angedeutete Flussläufe der Melezza schlingen. Auf der obersten der drei Flussterrassen, von Weinbergen umgeben, liegen die nördlichen Randdörfer Tegna, Verscio und Cavigliano. Das Strässchen führt nun sachte durch den Wald hinunter. Wenige Schritte nach der ersten Haarnadelkurve zweigen wir links ab. Eine steile Abkürzung führt uns zur Strasse, der wir in westlicher Richtung nach *Golino* (S. 118) folgen.

Zur Melezzabrücke unterhalb Intragna gelangen wir auf der Strasse. Gleich nach der Brücke schlagen wir den links aufsteigenden, gepflasterten Weg ein. Bei der 1685 erbauten und 1758 restaurierten Kapelle Madonna del Riposo wählen wir das links abzweigende Weglein, das durch Weinberge und Wiesen direkt zur Station *Intragna* (S. 120) aufsteigt.

Nebenroute

a) Monte Verità–Sentiero delle Betulle–Ca di Pastoo–Gratena–Val d'Ortighee–Ciossa–Bolletta Lunga–östlich Barbescio–Strässchen nach Golino 1 Std. (auf dem vorzüglich markierten Spazierwegnetz zwischen Ascona, Losone und Arcegno).

Abzweigungen

b) Arcegno–Val d'Ortighee–Renecone–Losone 🚌 30 Min.
c) Campo E. Pestalozzi–Ciossa–Canale–Losone 🚌 35 Min.

Der Königs-Rispenfarn ist eine Spezialität des Tessins. Er kann wahrhaft königliche Dimensionen mit Blättern bis 2 m Höhe erreichen. Die Standorte, wo er gedeiht, sind abflusslose Mulden mit staunassen Böden, wie sie über einem tonhaltigen Gesteins- und Bodenuntergrund entstehen.

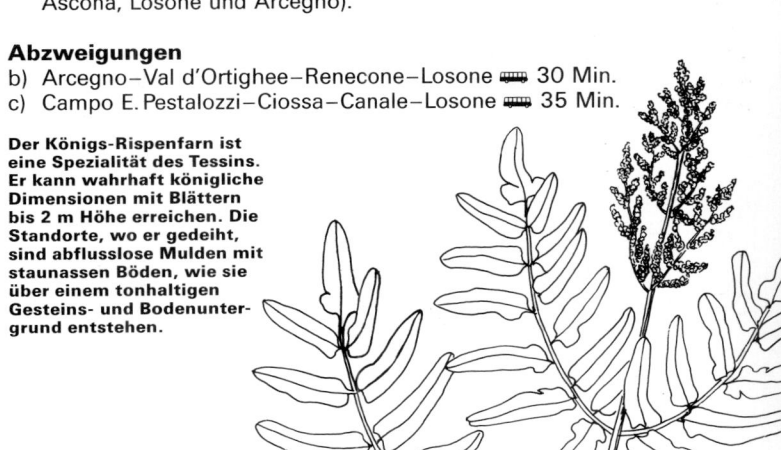

19   Losone–Corona dei Pinci– Pizzo Leone–Rasa

Langer Aufstieg durch Kastanien- und Buchenwälder, aussichtsreiche Höhenwanderung über den Bergrücken zwischen Corona dei Pinci und Pizzo Leone, lohnender Abstieg ins Centovalli.

Route	Höhe in m	Hinweg	Rückweg
Losone 🚃	239	–	7 Std.
Arcegno 🚃	387	45 Min.	6 Std. 25 Min.
Corona dei Pinci	1293	3 Std. 30 Min.	4 Std. 40 Min.
Alpe di Naccio	1395	4 Std. 15 Min.	4 Std.
Pizzo Leone	1659	5 Std. 20 Min.	3 Std. 20 Min.
Alpe di Naccio	1395	6 Std.	2 Std. 15 Min.
Rasa 🚠	898	7 Std. 30 Min.	–

Beim Grotto Rafael in *Losone*/S. Giorgio (S. 124) schwenken wir links in das Strässchen ein, das ins Tälchen hinter dem Piano di Arbigo führt. In der Nähe der Brillenfabrik (Wegweiser-Standort Canale) kennzeichnet eine Warnungstafel vor Waldbrandgefahr den Beginn unseres Aufstieges. Weiter oben folgt der Weg einem Längstälchen und dringt, nach Westen umbiegend, durch eine Mulde in die interessante, vom eiszeitlichen Maggiagletscher geformte Rundhöckerlandschaft ein (siehe Route 18). Beim *Campo Enrico Pestalozzi* betreten wir das Strässchen Golino–Arcegno. Nach kurzem Abstieg gegen *Arcegno* (S. 111) biegen wir beim Brunnen rechts in einen breiten Weg ein und steigen an dessen Ende in eine bewaldete Bachrunse hinab. Ein Weg quert sie und führt bergwärts auf das von Arcegno her aufsteigende Strässchen. Bei einer Kapelle beginnt der lange, einen Höhenunterschied von rund 850 m überwindende Aufstieg zur Corona dei Pinci. Durch schattigen Kastanienwald gewinnen wir in zahlreichen Kehren rasch an Höhe. Zwei kleinere Maiensässe werden von unserem Alpweg berührt; das höhergelegene ist mit dem Namen Cortone bezeichnet. Unsere Route

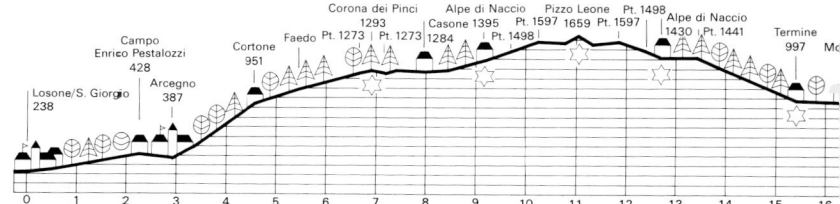

verlässt diese Lichtung fast ebenhin nach Norden. Bei einer roten Tafel (Hinweis auf Grotto in Cortone) verlassen wir den neueren, ebenhin weiterführenden Weg und halten links aufwärts zur Einsattelung südlich von Pt. 990. Wir folgen nun dem nach Südwesten ansteigenden bewaldeten Rücken von Faedo. Der Name Faedo bezeichnet den hiesigen Buchenwald (faggio = Buche). Weiter oben quert der Weg die Nordflanke des Berges zum Maiensäss Survi. Es liegt auf einer weit gegen das Centovalli hervortretenden Rippe. Diese benützt unsere Route, um in südlicher Richtung den Hauptkamm zu ersteigen. Von der Lücke bei Pt. 1273 führt uns ein kurzer Abstecher auf den östlich davon gelegenen Gipfel der *Corona dei Pinci* (1293 m). Eindrücklich ist der Tiefblick auf den Lago Maggiore. Der Stufenaufbau des jenseitigen Hanges ist gut zu erkennen: auf den kleinen Deltas der Bachmündungen die Uferdörfer, auf einer ersten Verflachung die Winzernestchen, zuoberst, durch tiefe Runsen zerschnitten, die Terrassenfolge mit den Maiensässen.

Wir kehren zum Sattel (Pt. 1273) zurück. Eine unvergessliche Höhenwanderung steht uns bevor. Zuerst steigen wir direkt über den bewaldeten Rücken an, bald aber queren wir auf der Seeseite einen ausgedehnten, mit Farnkraut bewachsenen, zur Herbstzeit in feurigem Rot leuchtenden Hang. Von der Alpe Casone an folgen wir dem oberen Rande der Lichtung. Nach kurzem Abstieg in eine Mulde wendet sich unsere Route wieder dem Kamm zu. Den Buchenwald der Nordseite von den offenen Hängen der Südflanke abgrenzend, zieht sich dieser in gleichmässiger Steigung gegen die *Alpe di Naccio* (1395 m), die wir schliesslich über breite, grasbedeckte Hänge erreichen. In gleicher Richtung steigt ein Pfad zum Sattel rechts von Pt. 1498 empor. Dort biegen wir nach rechts ab und halten über den Grasrücken zum Vorgipfel (Pt. 1597) hinauf. Direkt über den Grat nähern wir uns dem Gipfel des *Pizzo Leone* (1659 m), der auf deutlichen Pfadspuren von Südwesten her erstiegen wird.

Die Fernsicht belohnt uns für die Mühen des langen Aufstieges. Zwar wird die Monte-Rosa-Gruppe vom nahen Gebirgsstock des Gridone mit dem vorgelagerten, wilden Felsgrat des Costone dei Lenzuoli verdeckt. Doch in der Verlängerung des Val Vigezzo, des italienischen Melezzatales, ragen die östlichen Viertausender der Walliser Alpen empor: die Mischabelgruppe und das Weissmies. Zu unseren Füssen erstreckt sich die 1200 m tiefe Furche des Centovalli. Uns gegenüber, zwischen dem felsigen Pizzo di Ruscada und der bewaldeten Aula, weist der Sattel von Segna den Weg ins Onsernonetal. Hinter den parallel sich hinziehenden Ketten der Tessiner Voralpen leuchten die Gipfel des Berner Oberlandes. Östlich davon und bedeutend näher erhebt sich die Pyramide des Basodino, des zweithöchsten Tessiner Berges. Hinter der Magadinoebene erkennt man die fernen weissen Spitzen der Ber-

ninagruppe. Tief unter uns erstreckt sich das breite, glänzende Band des Langensees nach Süden, wo es sich im bläulichen Dunst der lombardischen Tiefebere verliert.
Auf demselben Wege kehren wir zur *Alpe di Naccio* zurück, biegen aber bei der oberen Hüttengruppe in spitzem Winkel gegen das Centovalli ab. Durch schönen Buchenwald führt der Pfad ebenhin zu einer markanten Bergrippe (Pt. 1441). Die Markierung weist uns auf den rechts abzweigenden Weg. In steilem Abstieg quert man den bewaldeten Hang taleinwärts bis zur nächsten, schwach vorspringenden Rippe, über die man in zahlreichen Windungen zum Maiensäss Termine (S. 132) absteigt.
Über der weit vorspringenden Sporn, dessen zwei Kuppen auf der Südwest- und Nordostseite umgangen werden, erfolgt der angenehme, aussichtsreiche Abstieg nach *Rasa* (S. 129).

Nebenrouten
a) Arcegno−Zota (Hütte der Bürgergemeinde Losone. Siehe Unterkunfts-
   stätten.)−Pt. 990−Faedo−Survi−Corona dei Pinci 2 Std. 45 Min.
b) Luera (Pt. 1306, südwestlich von Casone)−Termine−Rasa 🚋
   1 Std. 20 Min. (siehe Route 21).
c) Pizzo Leone−Gratlücke südlich des Gipfels−Termine−Rasa
   1 Std. 40 Min. (küzer, aber steiler als die Hauptroute).

Abstiege
d) Casone−Porera−Ronco 🚌 1 Std. 50 Min. (siehe Route 21).
e) A. di Naccio−Brissago 🚌 🚠 2 Std. 30 Min. (siehe Route 16).

Das romantische Cento- ▶
valli mit seinen vielen
Seitentälchen. Man
erkennt deutlich den Un-
terschied zwischen der
Schattseite und der stär-
ker besiedelten Sonn-
seite, der sich Strasse
und Bahnlinie entlangzie-
hen (Routen 20−25).

20 Intragna–Rasa–Palagnedra–Càmedo

Wanderung am Schattenhang des Centovalli. Die Route benützt grössten-teils die alten Saumwege, welche die hoch über der Melezza gelegenen Siedlungen verbinden. Es ist ratsam, sich nach der Begehbarkeit des Weg-stückes Palagnedra–Mòneto zu erkundigen.

Route	Höhe in m	Hinweg	Rückweg
Intragna 🚂	339	–	5 Std. 30 Min.
Rasa 🚠	898	2 Std. 15 Min.	3 Std. 30 Min.
Bordei	726	3 Std. 15 Min.	2 Std. 30 Min.
Palagnedra 🚌	657	4 Std.	1 Std. 45 Min.
Mòneto	736	4 Std. 50 Min.	1 Std.
Càmedo 🚂	549	5 Std. 30 Min.	–

Von *Intragna* (S. 120) aus folgen wir der Centovallistrasse taleinwärts. Etwa 300 m nach der Brücke über den ersten Seitenbach, den wilden Riale di Mulitt, schlagen wir links den alten Saumweg nach Rasa ein. Er führt über die Bahnlinie und in mehreren Biegungen in die Schlucht zur alten Brücke hinab. In elegantem Bogen wölbt sie sich über die Melezza; zuoberst trägt sie auf der Brüstungsmauer ein zierliches Kapellchen. Nur ungern verlassen wir die-sen romantischen Winkel und steigen am jenseitigen, stark bewaldeten Hang empor. Bald zieht sich der Saumweg wieder taleinwärts. An der gegen-überliegenden Talseite erkennen wir die langgezogene Fraktion Corcapolo. Von dort her führt ein guter Weg über eine neuzeitliche Brücke und mündet in unsere Route. Nach wenigen Schritten überqueren wir den Ri di Vacaricc. Erst hier beginnt der eigentliche Aufstieg zum 500 m höher gelegenen Dörf-chen Rasa. In mehreren Windungen erklimmt der Weg die steile, bewaldete Rippe und tritt auf die breiten, offenen Hänge von Cadalom hinaus. In glei-cher Richtung steigen wir über Wiesen und durch schmale Waldstreifen höher. Nach der breiten Lichtung von Bosind quert der Saumweg eine herr-

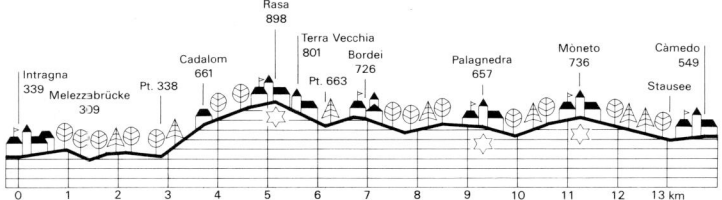

liche Waldpartie und führt fast ebenhin zum Dörfchen *Rasa* (S. 129) hinüber. Bei der Kirche biegt unsere Route scharf nach links ab und führt dicht unter der vordersten Häuserreihe dem Hang entlang. Durch den Wald geht es steil abwärts nach Terra Vecchia, dem ehemaligen Dorfkern von Rasa. Zwischen den Ruinen der alten Häuser ragt der Turm der 1615 erbauten kleinen Kirche Madonna della Neve aus der grünen Wildnis. Wir steigen nun weiter ins Tobel zwischen Rasa und Bordei, d. h. in eines der «100 Täler» des Centovalli, hinab. Wir folgen dem Bach ca. 100 m abwärts, biegen scharf nach links um eine Felsnase und betreten eine Brücke. Sogleich beginnt der Gegenanstieg nach *Bordei,* einer Fraktion von Palagnedra. Hier betreten wir das Fahrsträsschen, das uns durch das wilde Tobel des Bordeibaches und des Ri della Serra zur ausgedehnten Wiesenterrasse von *Palagnedra* (S. 127) führt.

Kürzlich wurde ein seit dem Unwetter von 1978 zerstörtes Wegstück instand gestellt, so dass wir nun wieder durch das wilde Tobel der Val di Mòneto zum Dörfchen Mòneto gelangen können. Da das Gebiet stark rutschgefährdet ist, ist es ratsam, sich in Palagnedra über die Begehbarkeit zu erkundigen.

Mòneto wird im Winter durch den Skisport etwas belebt. Bei der Kirche betreten wir das Fahrsträsschen, dem wir bis zur ersten Kurve folgen. Hier schlagen wir die Abkürzung ein, welche, direkt über die Wiesenhänge absteigend, mehrere Kehren der Strasse schneidet. Taleinwärts beachten wir den 135 m langen und 38 m hohen Ponte Ribellasca, der die Landesgrenze bildet. Von dort aus zieht sich die Grenze nahezu 2 km weit der Melezza entlang nach Südwesten, um schliesslich, dem Riale dei Confini (Grenzbach) folgend, gegen den Gridone anzusteigen. Das ist die Grenzführung, wie sie 1803, zur Zeit Napoleons, festgelegt wurde, die das 12 km lange Val Vigezzo endgültig von der Schweiz trennte.

Auf dem Strässchen überqueren wir den Stausee von Palagnedra, ein Ausgleichsbecken der Maggiawerke, und erreichen nach kurzem Gegenanstieg die Grenzstation der Centovallibahn in *Càmedo* (S. 115).

Abzweigung
Palagnedra–Palagnedra/Stat. 🚂 40 Min.

Die Ringelnatter ist die in der Schweiz verbreitetste Schlangenart. Sie ist nicht giftig und nicht bissig. Scheu lebt sie in der Nähe von Wasser und schwimmt gut: Zwar ist sie punkto Beutetieren nicht wählerisch, frisst aber besonders gern Frösche und Fische.

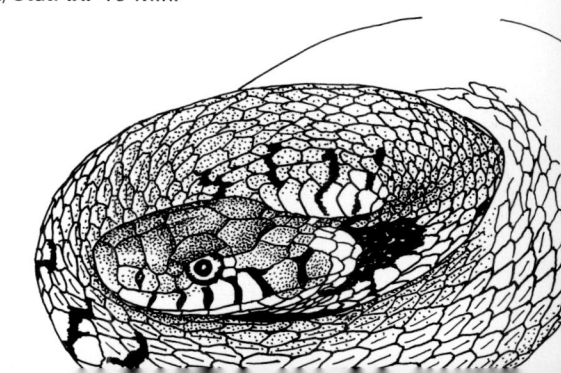

21   Rasa–Casone–Ronco s. A.

Beliebte Wanderung vom Centovalli zum Lago Maggiore. Dem bequemen
Aufstieg auf neu angelegtem Weg folgt ein teilweise recht steiler Abstieg.

Route	Höhe in m	Hinweg	Rückweg
Rasa 🚠	898	–	4 Std. 20 Min.
Casone	1284	1 Std. 40 Min.	3 Std.
Porera	1035	2 Std. 10 Min.	2 Std. 10 Min.
Ronco s. A. 🚌	350	3 Std. 30 Min.	–

In *Rasa* (S.129) zeigen verschiedene Tafeln mit der Aufschrift «Escursioni di
montagna» und Wegweiser, in welcher Richtung man das Dörfchen zu verlassen hat. Unser Weg wendet sich in leichtem Anstieg talauswärts und umgeht östlich die Kuppe des Pian Baree (Pt.1062). Nach der Einsattelung von
Monti steigen wir zuerst leicht an, um dann auf schönem, fast ebenhin verlaufenden Waldweg die nächste Kuppe (Pt.1072) westlich zu umgehen.
Beim Sattel Termine (997 m) gabeln sich drei Routen. Wir schlagen den
schönen, neu angelegten Weg links ein, der in leichter, gleichmässiger Steigung den bewaldeten, steilen Hang in östlicher Richtung quert. Bald liegt
das auf einer vorspringenden Kanzel gelegene Maiensäss Dorca unter uns.
Eindrücklich lässt sich von hier aus erkennen, wie der ganze Hang des
Hauptales aus einer Folge von schmalen Bergrippen und tief eingeschnitte-
nen Seitentälchen besteht. Auf letztere ist der Name Centovalli (hundert
Täler) zurückzuführen.
Am Ende der langen Querung führen uns einige Kehren zum Grat hinauf, den
wir beim Wegweiserstandort Luera erreichen. Wer den Weg schon öfters
begangen hat, ist hier stets aufs neue von dem plötzlichen Szeneriewechsel
beeindruckt. Aus dem engen, eher finsteren Centovalli aufsteigend, blicken
wir unvermittelt in die weite, lichte Welt des Lago Maggiore, der sich zu
unseren Füssen als breite Wasserstrasse weit nach Italien hinein erstreckt.
Nach kurzem Abstieg dem Grat entlang erreichen wir die Einsattelung süd-

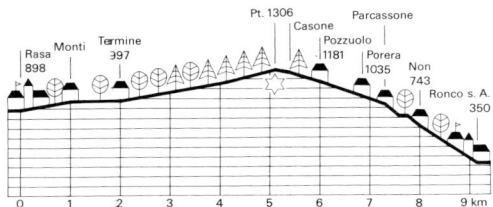

Kirche von San Lorenzo an der Strasse, die von Camedo im Centovalli nach Borgnone führt (Route 22).

westlich des Älpchens *Casone*. Hier halten wir bei der Gabelung rechts abwärts. Der Weg umrundet eine markante Bergrippe, worauf wir erstmals tief unter uns unser Wanderziel, das Dörfchen Ronco, erblicken. Nach der leuchtend weissen Bergkapelle von Pozzuolo setzen wir den Abstieg in gleicher Richtung zu dem aus zahlreichen Hütten und Ferienhäuschen bestehenden Maiensäss *Porera* fort. Unmittelbar nach dem Bächlein (Wegweiser) wählen wir rechts den nach Parcassone hinabführenden Pfad. Hier zweigen wir rechts ab, steigen in Kehren durch den Wald hinab und kreuzen die Strasse, auf die wir weiter unten nochmals stossen. Wir folgen ihr etwa 200 m links abwärts, bis uns ein Wegweiser auf den rechts abzweigenden Weg leitet. Über das ehemalige Maiensäss Non geht es in unzähligen Kehren nach *Ronco s. A.* (S. 129) hinab.

Nebenroute
Termine–Alpe di Naccio–Pizzo Leone–Alpe di Naccio–Casone
3 Std. 30 Min. (siehe Route 19).

22

Intragna–Monte di Comino–Verdasio–Càmedo

Prachtvoller Höhenweg an der Sonnseite des Centovalli. Berührt malerische, am Steilhang über der Melezza klebende Dörfchen.

Route	Höhe in m	Hinweg	Rückweg
Intragna 🚂	339	–	5 Std. 20 Min.
Calezzo	564	50 Min.	4 Std. 45 Min.
Monte di Comino	1138	2 Std. 45 Min.	3 Std. 20 Min.
Madonna della Segna	1166	3 Std.	3 Std. 10 Min.
Verdasio	711	4 Std.	1 Std. 50 Min.
Lionza	775	5 Std.	55 Min.
Borgnone	713	5 Std. 10 Min.	40 Min.
Càmedo 🚂	549	5 Std. 40 Min.	–

Wir steigen von der Station *Intragna* (S. 120) zur Centovallistrasse hinauf, der wir taleinwärts über das Wildbachtobel des Riale di Mulitt folgen. Dieses wird in verschiedener Höhe von der Strasse, von der Bahn und vom alten Saumweg überbrückt. Knapp 100 m nach der Brücke zweigen wir rechts ab. Unser Weg schneidet drei Kurven des Fahrsträsschens, dem wir schliesslich bis *Calezzo,* Fraktion von Intragna, folgen. Bei der scharfen Rechtskurve wählen wir das geradeaus taleinwärts führende Strässchen, das gegenwärtig (1985) noch im Bau ist. Es wird die vor etlichen Jahren durch einen Felssturz unterbrochene Route wieder begehbar machen und bietet einige Durchblicke auf die 100 m tiefer liegende Fraktion Corcapolo. Im Jahre 1868 staute ein Bergschlipf in der Nähe von Corcapolo die Melezza zu einem langen See auf, «Lanca di Corcapolo» genannt, der erst nach zehn Jahren wieder verschwand. Seither ist es gelungen, durch planmässige Aufforstung weitere Erdrutsche zu verhindern.
Durch mehrere Wildbachrunsen geht es nun, leicht ansteigend, zur Lichtung von Slögna, wo der mit breiten Platten belegte Weg in weiten Serpentinen

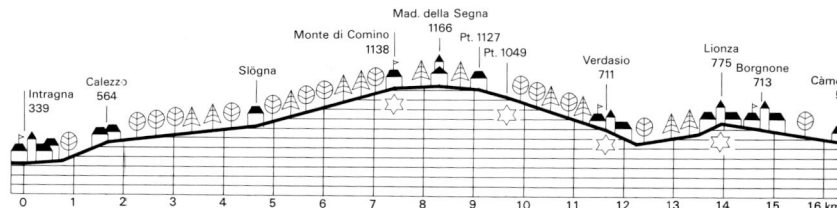

anzusteigen beginnt. Nach einer weiteren Querung taleinwärts folgt der letzte Aufstieg über einen mit Fluhbändern durchsetzten Steilhang zum *Monte di Comino* (1138 m). In prachtvoller Lage, mit einzigartiger Aussicht über das Centovalli und die Val Vigezzo lädt uns dort das heimelige Gasthaus «Ritrovo Romantico» zu kurzer Rast ein. Ebenenwegs wandern wir nun über die Wiesenhänge zum Einschnitt der *Madonna della Segna* (S. 124). Vor dem Kirchlein biegt unser Weg scharf nach links ab und wendet sich am westlichen Hang der Mulde wieder dem Haupttale zu. In mehreren Biegungen senkt er sich gemächlich zum malerischen, wie ein Schwalbennest am Steilhang klebenden Dörfchen *Verdasio* (S. 137). Durch enge Gässchen und finstere, tunnelartige Durchgänge suchen wir uns einen Weg zur Kirche hinab. Zwischen der Kirche und der Casa Tosetti setzt sich unser Weg taleinwärts fort. Nach wenigen Schritten beginnt, dem Waldrand entlang, ein kurzer Abstieg über terrassiertes Wiesengelände mit Reben, Obstbäumen und Gärtchen. Etwa 60 m tiefer, bei einer Hausruine, biegen wir rechts in den Wald ein und steigen in das Tobel des Ri di Verdasio hinab. Zur Zeit ist die Brücke zerstört, doch bei schönem Wetter kann das Bett des Wildbaches wenige Meter weiter oben leicht überquert werden. Der Gegenanstieg bringt uns auf eine breite Lichtung. Zuerst durch offenes Gelände, später wieder durch Wald und mehrere Bachrunsen überquerend, führt der alte, teilweise mit Platten belegte Saumweg ohne merkliche Steigung taleinwärts. Bei einer inwendig hellblau bemalten Wegkapelle halten wir über Wiesenhänge rechts aufwärts zur Kirche von *Lionza* (S. 122).

Wir folgen nun dem Strässchen bis nach der ersten Kurve, zweigen rechts ab und steigen auf dem alten Saumweg (die frühere Via Locarno) in das Bachtobel des Riale di Mulitt hinab. Auf der Strasse wandern wir weiter nach *Borgnone* (S. 113).

Bei der Kirche (Markierung beachten) verlassen wir kurz die Fahrstrasse, auf der wir schliesslich zum Dorf und zur Bahnstation von *Càmedo* (S. 115) absteigen.

Nebenroute
a) Slögna–Verdasio 45 Min.

Abzweigung
b) Verdasio–Verdasio/Stat. 🚂 25 Min. (siehe Route 23).

23

Intragna−Calascio−Verdasio/Stat.

Reizvolle Wanderung über die Höhen zwischen Centovalli und Valle Onsernone, mit eindrücklichen Tiefblicken in die beiden Täler.

Route	Höhe in m	Hinweg	Rückweg
Intragna 🚋	339	−	4 Std. 20 Min.
Pila 🚡	590	40 Min.	3 Std. 50 Min.
Calascio	1013	1 Std. 50 Min.	3 Std.
Madonna della Segna	1166	3 Std. 10 Min.	1 Std. 55 Min.
Verdasio	711	4 Std. 10 Min.	35 Min.
Verdasio/Stat. 🚋	530	4 Std. 30 Min.	−

Von *Intragna* (S. 120) nach *Pila* auf Route 25. Gleich nach der Kapelle, die den Saumweg nach dem Onsernonetal überdacht, zweigen wir links ab. In weiten Kehren führt uns der breite, meist untermauerte Weg zu den steilen Wiesenhalden von Cremaso empor. Die bewaldeten Hänge über dem Riale di Mulitt querend, erreichen wir in angenehmer, gleichmässiger Steigung den aussichtsreichen Sattel von *Calascio* (1013 m). Die Anhöhe hinter dem Bergkirchlein vermittelt einen interessanten Tiefblick ins vordere Onsernonetal. Von der Kapelle aus folgen wir dem ebenhin verlaufenden Weg zum südlichen Rand der Lichtung und überqueren den Bach, um gleich danach rechts aufwärts abzuzweigen. Unser Weg berührt kurz die oberste Lichtung, biegt allmählich nach Westen um und traversiert die steilen, mit Buchen und einzelnen Lärchen bestandenen Hänge von Driascio. Auf dem Grätchen unterhalb der grossen Lichtung des Maiensässes Dröi angelangt, halten wir rechts zum Bachtobel hinab. Nach einer Gegensteigung von knapp 100 Höhenmetern durchquert man die felsigen, von Schluchten durchzogenen Südhänge der Aula: eine unvergessliche Wegpartie mit grossartigem Tiefblick ins Centovalli. Bald tritt unsere Route auf die ausgedehnten Wiesenhänge des Monte di Comino hinaus und wendet sich in nordwestlicher Rich-

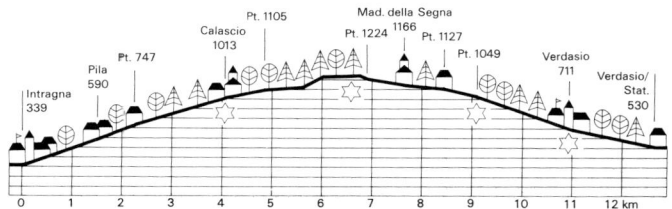

tung dem markanten Einschnitt von Pian Segna zu. Bei der *Madonna della Segna* (S.124) stossen wir auf Route 22, die wir zum Abstieg nach *Verdasio* benützen. Ein Fahrsträsschen führt uns zur *Station Verdasio* hinab.

Nebenrouten
a) Intragna 🚠–Costa 🚠 1 Std., Selna–Dröi 2 Std. 30 Min.
b) Costa 🚠–Scigno–Calascio 2 Std.

Abstieg
c) Segna–Mosogno 🚌 2 Std. (siehe Route 24).

24   Verdasio–Madonna della Segna–Mosogno

Kurzer, lohnender Übergang vom Centovalli ins Onsernonetal. Steiler Abstieg auf der Nordseite.

Route	Höhe in m	Hinweg	Rückweg
Verdasio/Stat. 🚞	530	–	3 Std. 45 Min.
Verdasio	711	35 Min.	3 Std. 20 Min.
Madonna della Segna	1166	1 Std. 55 Min.	2 Std. 20 Min.
Ponte Nuovo	559	3 Std. 10 Min.	25 Min.
Mosogno 🚌	783	3 Std. 50 Min.	–

Bei der *Station Verdasio* der Centovallibahn wenden wir uns taleinwärts, überqueren den Ri della Segna und schlagen rechterhand das Stichsträsschen ein, das in zwei Kehren zum Hangdörfchen *Verdasio* (S.137) emporführt. Vor den ersten Häusern zweigen wir rechts ab und gewinnen auf dem bequemen, in weiten Schleifen angelegten Alpweg mühelos an Höhe. Einige Tiefblicke auf das malerische Dächergewirr von Verdasio lassen uns den geschlossenen Festungscharakter des Dörfchens erkennen. Nach Westen

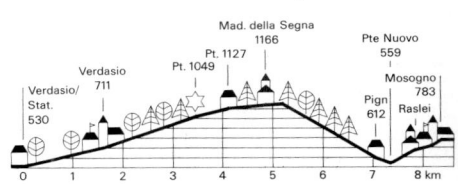

Tessiner Bäuerin in Mosogno (Onsernonetal). Die Landflucht hat in den abgelegenen Bergdörfern eine starke Überalterung der Bevölkerung zur Folge (Route 24).

weitet sich der Blick ins obere Centovalli und ins italienische Val Vigezzo. Über herrliche Wiesenhänge queren wir in die Mulde des Monte di Comino hinein und nähern uns fast ebenhin dem Einschnitt von Pian Segna, hinter dem allmählich der Pizzo Cramalina und die weiteren Gipfel des Vergeletto- und Onsernonetales auftauchen. Auf der Passhöhe steht das Kirchlein der *Madonna della Segna* (S.124).

Der Pfad umgeht rechts das ehemalige Hochmoor von Pian Segna und senkt sich durch Buchenwald nach dem Onsernonetal. Einige kurze Durchblicke führen uns erstmals die eindrückliche Hanglage der Dörfer Mosogno und Russo vor Augen. Der Abstieg wird zusehends steiler, doch das schmale Weglein ist in gutem Zustand. Bei Pt. 794 der Neuen Landeskarte, d. h. bei der ersten Weggabelung weist die Markierung sowohl auf den links abwärts führenden Weg wie auch auf den Pfad, der nach rechts den Bach überquert, einige Schritte aufwärts führt und zur Lichtung von Frescheina absteigt. Dort wenden wir uns nach links, überqueren den Ri della Segna und steigen, an den Hütten von Pign vorbei, durch eine bewaldete Mulde zum *Ponte Nuovo* hinab, auf dem wir die Schlucht des Isorno überschreiten. Der Pfad klimmt einige Meter über Felsen empor und biegt scharf nach links ab. Bei einer kleinen Lichtung zweigen wir, die Markierung gut beachtend, rechts ab. Nach

kurzem, steilem Aufstieg betreten wir bei der Fraktion Mosogno di Sotto
(S. 127) offene, sanfter geneigte Hänge.
Der Weiterweg führt uns von der Kirche in einigen Kehren aufwärts, bis wir
das an der Strasse liegende, mehrfach gestaffelte Dorf *Mosogno* (S. 126)
erreichen.

25   Intragna–Loco–Passo della Garina–Aurigeno

Abwechslungsreiche Wanderung auf dem alten Onsernone-Saumweg nach
Loco und über den Garinapass ins Maggiatal. Der Abstieg erfolgt auf schmalem Bergpfad: Vorsicht bei schlechtem Wetter!

Route	Höhe in m	Hinweg	Rückweg
Intragna 🚂	339	–	5 Std. 30 Min.
Pila 🚡	590	40 Min.	5 Std.
Isornobrücke	406	1 Std. 30 Min.	4 Std.
Loco 🚌	678	2 Std. 30 Min.	3 Std. 30 Min.
Passo della Garina	1076	3 Std. 40 Min.	2 Std. 30 Min.
Aurigeno	341	5 Std. 15 Min.	15 Min.
Aurigeno-Moghegno/ Autobus 🚌	314	5 Std. 30 Min.	–

Von der Bahnstation aus steigen wir durch den Dorfkern von *Intragna*
(S. 120) empor und wenden uns rechts gegen die kleine Kirche am oberen
Dorfende. Dort beginnt der alte, gepflasterte Saumweg nach dem Onser-
nonetal. In zahlreichen Kehren, mit schönem Ausblick über das Pedemonte,
geht es zur Fraktion *Pila* hinauf. Seit 1954 sind die am Steilhang klebenden
Fraktionen Pila und Costa durch eine Luftseilbahn mit Intragna verbunden.
Das Schulhaus am oberen Ende der Siedlung ist seit einigen Jahren ge-
schlossen. Dort biegt der Weg rechts um und zieht sich ebenhin ins Onser-

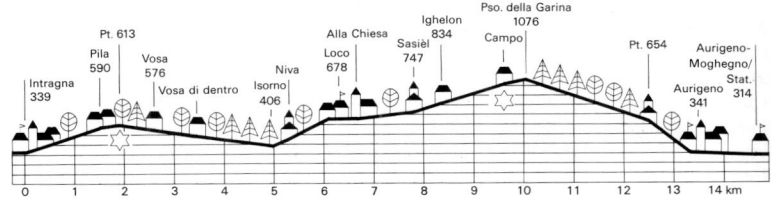

nonetal hinein, hoch über der Schlucht des Isorno. Bei der Weggabelung kurz vor der Fraktion Vosa, deren Jünglinge früher als Bauernknechte und Schenkburschen nach den Vereinigten Staaten auswanderten, halten wir rechts abwärts. Kastanienselven wechseln mit breiten Lichtungen. Der Saumweg, der 1768 durch die Brüder Remonda aus Comologno auf eigene Kosten ausgebaut wurde, stellte bis zum Bau der Strasse im Jahre 1896 die Verbindung der Valle Onsernone mit der Aussenwelt her. Von Vosa di dentro an wird der Abstieg steiler, und wir nähern uns dem Talgrund des Isorno. Am gegenüberliegenden Hang klebt das Dorf Auressio, später wird auch Loco sichtbar. Der Weg biegt um eine scharfe, felsige Bergkante und folgt nun der Längstalrichtung des mittleren und oberen Isornolaufes, dessen tiefeingeschnittene Schlucht wir auf einer neuen *Brücke* überqueren. Sie ersetzt die beim Unwetter von 1978 zerstörte Steinbrücke. Im steilen Gegenanstieg gelangen wir auf die Wiesenterrasse des Weilers Niva. Über Rebhänge erreichen wir die Talstrasse am westlichen Dorfende von *Loco* (S. 124).
Wir durchqueren die langgezogene Ortschaft und schwenken am östlichen Dorfende links ab zur Kiche San Remigio.
Ein gut ausgebauter, breiter Alpweg führt uns durch Kastanienselven ebenhin in das Seitental des Ri di Vò hinein. Erst bei der Wegkapelle von Sasièl beginnt der in zahlreichen Kehren angelegte Aufstieg zu den Maiensässen Ighelon und Mulegn. Letzteres lassen wir rechts jenseits des Baches liegen. Vor der kleinen Schlucht holt der Weg links zu einer weiten Schleife durch den ausgedehnten, mit Farnkraut bewachsenen Hang aus. Richtungweisend ist von nun an der markante Einschnitt des *Passo della Garina* (S. 127), den wir über die von prächtigen glazialen Rundhöckern durchsetzte Mulde von Campo mühelos ersteigen.
Durch den Waldeinschnitt auf der Passhöhe betritt man die Lichtung von Garina und folgt fast ebenhin dem rechtsseitigen Hang. Der schmale, aber gut erkennbare Pfad dringt in den Wald ein und durchquert in stetem Abstieg den überaus steilen Südhang der Valle di Lareccio. Einige Vorsicht ist hier geboten, besonders wenn die Steinplatten auf dem Wege nass und glitschig sind. Bei einer zerfallenen Wegkapelle setzt im Zickzack die steilste Partie des Abstieges ein. Über eine Wildbachrunse und einen Trümmerzug hinweg erreicht der Pfad nach zwei kurzen Gegensteigungen eine aussichtsreiche, auf weit vorspringendem Sporn gelegene Kapelle. Nun biegt unsere Route nach rechts in den bewaldeten Westhang des Maggiatales ein und steigt in zahlreichen Kehren nach *Aurigeno* (S. 112) hinab. Dem Strässchen folgen wir in nördlicher Richtung über den Talboden und über die Maggia zur Autobus-Haltestelle *Aurigeno-Moghegno*. In der Nähe steht die sehenswerte Kapelle von Antrobbio, nach Giorgio Simona die älteste des Maggiatales. Das Innere ist mit spätgotischen Fresken aus dem 15. Jh. geschmückt.

26   Gresso–Passo della Bassa–Lòdano/Hst.

Ausgedehnte, anspruchsvolle Bergtour vom Vergeletto- ins Maggiatal.

Route	Höhe in m	Hinweg	Rückweg
Gresso 🚋	994	–	6 Std. 45 Min.
Passo della Bassa	1804	2 Std. 45 Min.	5 Std.
Alpe Canaa	1843	3 Std. 15 Min.	4 Std. 35 Min.
Lòdano	341	6 Std.	15 Min.
Lòdano/Autobus Hst. 🚋	339	6 Std. 15 Min.	–

Vom Ende der Strasse in *Gresso* (S. 119) steigen wir durch enge, malerische Gässchen zu den terrassierten Wiesen über dem Dorf und in gleicher Richtung steil zum Wald empor. Durch diesen führt uns der gut erhaltene Alpweg zu den auf einem markanten Vorsprung gelegenen Maiensäss Pian della Crosa hinauf.

Darüber erhebt sich ein bewaldeter Grat, über den nun der weitere Aufstieg erfolgt. Nach einer nahezu flachen Wegpartie queren wir nach rechts über einen Seitenbach des Ri di Quiello und steigen zur herrlich gelegenen Alpe Bassa empor. Leicht ansteigend, quert unsere Route die Nordhänge des Pizzo della Bassa und wendet sich dem Übergang des *Passo della Bassa* (1804 m) zu.

Wir können von hier aus in östlicher Richtung zur nahen Alpe Confeda absteigen, dort scharf nach links abbiegen und dem Hang entlang durch lichten Lärchenwald wieder leicht ansteigen. In diese Route mündet auch ein vom Passo della Bassa aus direkt nordwestwärts führender Weg. Nun queren wir zu den weithin sichtbaren Hütten der *Alpe Canaa* (Canale) hinüber. Wir schlagen nun nicht den in gleicher Höhe weiterführenden, sondern den südöstlich zum Wald hinabführenden Weg ein. Zuerst durch Nadelwald, nach der Lichtung der Alpe di Casgèira vorwiegend durch Buchenwald, senkt sich unsere Route in unzähligen Kehren um rund 700 m. Dann quert

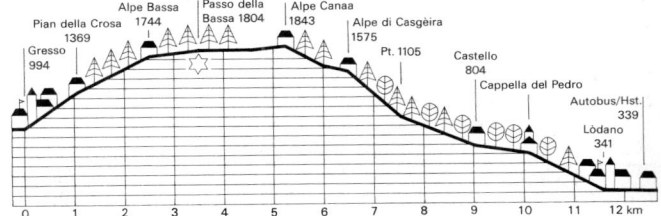

der Weg den Westhang der Valle di Lòdano. Beim Maiensäss Castello wechseln wir über eine Brücke auf die rechte Talseite hinüber, biegen bei der Cappella del Pedro in den Hang über dem Maggiatal ein und steigen auf steilem Treppenweg nach *Lòdano* (S. 124) hinab. Ein Strässchen quert das Tal und führt uns zur *Autobus-Haltestelle* hinüber.

27 Crana–Alpe d'Arena–Vergeletto

Auf einem neu erstellten, herrlichen Höhenweg zu einer 1981 eröffneten Unterkunftshütte im Vergelettotal.

Route	Höhe in m	Hinweg	Rückweg
Crana 🚌	892	–	7 Std.
Costa d'Arena	1370	3 Std. 45 Min.	3 Std. 50 Min.
Alpe d'Arena (Capanna)	1687	4 Std. 30 Min.	3 Std. 15 Min.
Piano delle Cascine	1122	5 Std. 50 Min.	1 Std. 30 Min.
Vergeletto 🚌	905	7 Std.	–

Von der Post in *Crana* (S. 117) aus folgen wir der Strasse taleinwärts bis ins Bachtobel, wo rechter Hand unser Fussweg abzweigt. Er führt auf die Bergrippe zwischen Onsernone- und Vergelettotal hinaus, über die es in steilem Aufstieg zum Maiensäss Piano (1065) hinaufgeht.
Nun wendet sich die Route dem steilen Hang über dem Vergelettotal zu und überquert ein felsiges Bachtobel. In zahlreichen Kehren, hin und wieder eine Runse querend, gewinnt der neu angelegte Weg rasch an Höhe und erreicht bei Al Bianco (Pt. 1355) die Bergkante zwischen dem oberen, west-östlich verlaufenden und dem unteren nord-südlich gerichteten Abschnitt des Vergelettotales. Dem ersteren wendet sich nun unsere Route zu und verläuft etwa 8 km lang als angenehmer Höhenweg in ca. 1300–1400 m durch den ausgedehnten Tannenbestand des Bosco Grande. Er wurde 1981 nach zwei-

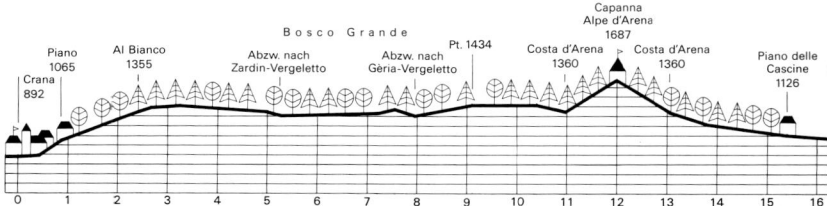

jähriger Arbeit im Auftrag des Patriziates von Onsernone fertiggestellt. Tief unter uns erblicken wir die Dörfer Gresso und Vergeletto. Der nur wenig auf- und absteigende Weg durchquert unzählige Bachrunsen. Mit etwas Glück können wir Gemswild antreffen, das in diesem Gebiet durch besondere Schutzmassnahmen zahlreich vorhanden ist. Kurz nacheinander stossen wir auf die Abzweigungen zur Alpe Saléi und über Gèria nach Vergeletto. Nach dem Tobel der Valle della Cruseta benützt unsere Route einen von Partüs her- aufkommenden älteren Weg, der bald die breite Runse des Val Grande quert und den vorspringenden Rücken des Scheggione umgeht.

Auf der *Costa d'Arena* (Wegweiser) stehen wir vor der Wahl, entweder gleich zum Talboden abzusteigen oder den 300 m Höhenunterschied betragenden Aufstieg zur *Alpe d'Arena* in Angriff zu nehmen.

Die auf dieser Alp am 27. Juni 1981 eröffnete Hütte (Capanna d'Arena) gehört dem Patriziat von Onsernone, enthält 30 Schlafplätze und ist von Ende April bis anfangs November immer offen. Wie fast alle Alpen im Ver- gelettotal wird die Alpe d'Arena noch bestossen, wenn auch nur mit einer kleinen Anzahl Kühe, die zuerst die Alpe del Casone aufsuchen.

Für den Abstieg benützen wir die gleiche Route bis zum Wegweiser auf der Costa d'Arena. Der Weg senkt sich weiter zum Talboden, überquert den Ribo und mündet in das Strässchen zwischen Alpe del Casone und Piano delle Cascine. Solange der Postautokurs zum (gegenwärtig geschlossenen) Restaurant *Piano delle Cascine* nicht wieder aufgenommen wird, müssen wir die lange Strecke durch das beim Unwetter von 1978 arg verwüstete Tal bis *Vergeletto* (S. 137) zu Fuss zurücklegen.

Abzweigungen

a) Bosco Grande–Zardin–Vergeletto ▨ 1 Std. 15 Min.

b) Abzweigung vom Höhenweg bei Sciüpada–Alpe Saléi 1 Std. 45 Min., –Comologno ▨ 3 Std.

c) Abzweigung vom Höhenweg bei Sciüpada–Gèria–Vergeletto ▨ 1 Std. 30 Min.

d) Alpe d'Arena–Alpe di Madéi (Medaro)–Alpe di Porcaresc (Route 29) 1 Std. 30 Min.

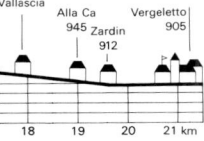

28
Comologno–Alpe Saléi–Pilone–Spruga

Reizvolle Bergtour zu einem idyllischen Seelein und zu einem wenig begangenen Gipfel an der italienischen Grenze.

Route	Höhe in m	Hinweg	Rückweg
Comologno 🚌	1085	–	5 Std. 10 Min.
Alpe Salé	1777	2 Std.	3 Std. 50 Min.
Pilone	2191	3 Std. 15 Min.	3 Std.
Alpe Pesced	1778	4 Std.	1 Std. 50 Min.
Spruga 🚌	1113	5 Std. 10 Min.	–

In *Comologno* (S.116) beginnt der weiss-rot-weiss markierte Weg wenige Schritte nach der Post (Wegweiser), führt unter der das Dorf beherrschenden überhängenden Felswand durch und über steile Heuwiesen empor. Nach einer kurzen Querung nach rechts halten wir links auf eine kleine Hüttengruppe und auf einen Felskopf zu. Von hier aus steigen wir direkt aufwärts zum Maiensäss Ligünc.

Wenige Meter über der obersten, am Rande des Val Lavadina stehenden Hütte dringt ein Weg zuerst fast ebenhin in den Lärchenwald ein, der den Westhang des Tälchens bedeckt. Später überqueren wir eine Runse und erklimmen den jenseitigen, sich bald verbreiternden Hang. Allmählich biegt der Pfad nach rechts um und folgt einer breiten, sanft ansteigenden Geländeterrasse. Bei einer Gabelung leitet uns die Markierung rechts über den Bach zu der in den letzten Jahrzehnten nur noch unregelmässig bestossenen, dem Patriziat Onsernone gehörenden *Alpe Saléi*. Sie befindet sich in schöner Lage auf dem Rücken zwischen Onsernone- und Vergelettotal.

Unsere Route wendet sich nun nach Nordwesten und biegt allmählich nach links in eine ausgeprägte Mulde ein. Über eine Steilstufe erreichen wir schliesslich eine höhergelegene Karmulde, in welcher das Bergseelein Laghetto dei Saléi eingebettet liegt.

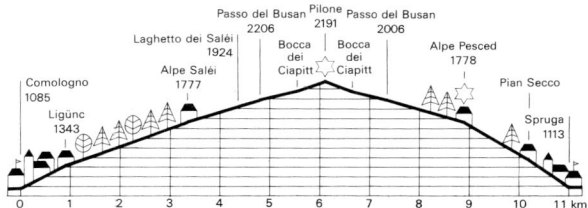

In westlicher Richtung ersteigen wir den Sattel zwischen dem vorgelagerten Munzelüm und dem sich im Hauptkamm öffnenden Passo del Busan, dem wir uns nun zuwenden. Ein schmaler, aber deutlicher Pfad quert von hier aus den Hang in westlicher Richtung, berührt eine weitere Gratlücke, die Bocchetta dei Ciapitt, und führt uns auf den Gipfel des *Pilone* an der italienischen Grenze.

Nebst einer hervorragenden Fernsicht bietet er einen interessanten Einblick in den seit einem Vertrag von 1806 zu Italien gehörenden Talhintergrund des Isorno, wo bei einer warmen Quelle das heute zerfallene Bäderhotel Bagni di Craveggia entstand.

Auf den Sattel unterhalb des Passo del Busan zurückgekehrt, queren wir, die Markierung beachtend, die Westhänge des Munzelüm zur *Alpe Pesced*. Zuerst in der Fallinie des Hanges, auf schmalem Pfad, dann nach links in den Lärchenwald einbiegend, führt unsere Route zum Maiensäss Pian Secco und auf steilen, gewundenen Wegen (der Markierung folgen!) nach *Spruga* (S. 132) hinab.

Eine halbe Wegstunde oberhalb Vergeletto wölbt sich dieses uralte steinerne Brücklein über die schäumende Camana (Routen 13, 27 und 29).

In Bosco-Gurin, der deutschsprachigen Walsersiedlung im obern Rovanatal, ist der ursprüngliche Dorfteil an den althergebrachten, kombinierten Stein- und Holzhäusern erkennbar (Routen 30–32). ▶

29   Campo–Passo della Cavegna–Vergeletto

Überaus lohnende Passwanderung vom Campo- ins Vergelettotal. Die Tour wird etwas gekürzt, wenn man bis Cimalmotto das Postauto benützt. Dagegen ist der Postautokurs nach Piano delle Cascine zurzeit eingestellt.

Route	Höhe in m	Hinweg	Rückweg
Campo 🚌	1281	–	6 Std. 40 Min.
Cimalmotto 🚌	1405	25 Min.	6 Std. 20 Min.
Alpe di Sfii	1666	1 Std. 50 Min.	5 Std. 10 Min.
Passo della Cavegna	1978	2 Std. 50 Min.	4 Std. 30 Min.
Alpe di Porcaresc	1798	3 Std. 15 Min.	3 Std. 50 Min.
Alpe del Casone	1276	4 Std. 20 Min.	2 Std. 10 Min.
Piano delle Cascine	1122	4 Std. 50 Min.	1 Std. 30 Min.
Vergeletto 🚌	905	6 Std.	–

Von *Campo* (S. 115) aus folgen wir der Strasse nach *Cimalmotto* (S. 116). Ein geteertes Strässchen zieht sich weiter taleinwärts und geht bald in einen Fussweg über. Bei den letzten Stadeln auf den Heuwiesen von Pianelli halten wir bei der Weggabelung links abwärts und steigen durch Tannenwald zum Talboden der Rovana hinab.

In einer Entfernung von nur 2 km verläuft die italienische Grenze, die hier über die Wasserscheide nach Osten ausgreift. Der zu Italien gehörende Talhintergrund der Rovana umfasst das Gebiet der ausgedehnten und ertragreichen Alp Cravairola (S. 111).

Auf einer Brücke überqueren wir die Rovana, wandern etwa 200 m talauswärts und wenden uns rechts ansteigend dem herrlichen Wasserfall zu, der aus dem Seitental hervorbricht und sich in ein klares, smaragdgrünes Bekken ergiesst. In zahlreichen Kehren überwindet der Weg die hohe Mündungsstufe des Tälchens und zieht sich durch Lärchenbestand dem linksseitigen Hang entlang zur *Alpe di Sfii* (1666 m). Im Südwesten öffnet sich eine

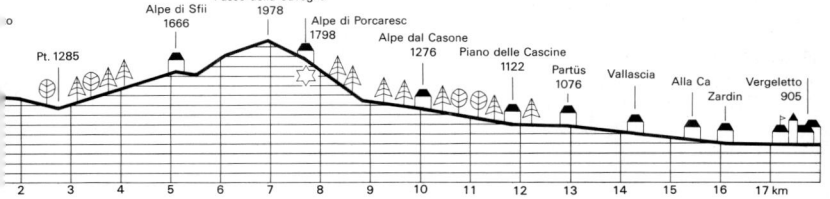

Talmulde mit der stolzen Felsburg des Pizzo Lago Gelato im Hintergrund. Schon bei den ersten Hütten der Alp halten wir schräg zum flachen, breiten Talboden hinab, überqueren den Bach auf einem primitiven, aus zwei Baumstämmen bestehenden Steg, folgen dem Grasstreifen, der sich zwischen Bach und Lärchenwald hinzieht und ersteigen in gleicher Richtung den mit Trümmern übersäten Hang. Bald nimmt uns wieder ein deutlicher Weg auf, der nach links querend die mit Erlen- und Alpenrosengesträuch bewachsene Steilstufe erklimmt. Auf ein flaches Karbecken folgt eine niedrige, als Felswand abbrechende Talstufe. Sie wird links über Schutthänge erstiegen. Unvermittelt betreten wir eine weitere Karmulde und stehen am Ausfluss eines kleinen, reizenden Bergsees. Nach wenigen Minuten ist die Einsattelung des *Passo della Cavegna* (1978 m) erreicht, auch Passo Porcarescio genannt. Gerundete Felsköpfe weisen auf das eiszeitliche Überlaufen des Gletschers vom Campo- ins Vergelettotal hin. Durch eine steile Mulde steigen wir auf der rechten Seite des Baches zur *Alpe di Porcaresc* (1798 m) hinab. Die Alphütte ist modern eingerichtet. Das ausgedehnte Weidegebiet, das sich über die Mulde zwischen Pizzo Cavegna und Pizzo Medaro erstreckt, wird gegenwärtig mit rund 60 Stück Grossvieh bestossen. Der Reichtum an Alpgelände im Vergelettotal ermöglicht die Aufnahme auswärtigen Viehs zur Sömmerung.
Von den Hütten steigen wir zum Mäuerchen hinab, das aus aufgerichteten Gneisplatten besteht; diesem folgen wir nach rechts zur oberen Grenze des Lärcherwaldes. Ungefähr parallel zum lockeren Waldrand führen uns spärliche Wegspuren über steile Grashänge abwärts auf die riesige, von zahlreichen Wasserläufen durchzogene Plattenflucht zu, die den Talschluss bildet. Eindrücklich ist von hier aus der Blick durch das enge, steilwandige, stark bewaldete Vergelettotal. Über dem Trogrand schwenkt der Weg links ab und windet sich über eine Rippe zwischen zwei Bächen zum Talgrund hinab, den er bei Pt. 1381 erreicht. Nun folgen wir stets dem linken Ufer des Ribo. Bei der *Alpe dei Casone* beginnt ein Fahrsträsschen, das in *Piano delle Cascine* in eine breitere Strasse übergeht. Seit dem Unwetter von 1978 ist das dortige Restaurant Fondo Valle geschlossen und der Postautokurs eingestellt. Bis auf weiteres müssen wir also die an mehreren Granitbrüchen vorbeiführende Strecke bis *Vergeletto* (S. 137) durch den Talboden zu Fuss zurücklegen.

Abzweigung
Alpe di Porcaresc–Alpe d'Arena (Capanna) 1 Std.

30 Cevio–Collinasca–Bosco-Gurin

Teilweise auf alten, wiederhergestellten Saumwegen wandern wir nach dem bekannten deutschsprachigen Walserdorf Bosco-Gurin.

Route	Höhe in m	Hinweg	Rückweg
Cevio 🚌	414	–	3 Std. 30 Min.
Linescio 🚌	664	1 Std. 20 Min.	2 Std. 25 Min.
Collinasca 🚌	761	2 Std.	1 Std. 50 Min.
Cerentino 🚌	980	2 Std. 40 Min.	1 Std. 25 Min.
Bosco-Gurin 🚌	1503	4 Std. 40 Min.	–

Von *Cevio* (S. 116) aus begeben wir uns auf der Strasse zum nahen Weiler Rovana, am Eingang der Valle di Campo. Dort zweigen wir links zur Kirche Madonna del Ponte (S. 124) ab. Auf der Brücke überqueren wir die Rovana, folgen einige Schritte dem Strässchen nach Boschetto und biegen kurz vor den Steinbrüchen scharf nach rechts ab. Der in Stufen angelegte Alpweg gewinnt rasch an Höhe. Bei einer scharfen Linkskehre verlassen wir ihn und schwenken rechts in den alten, aber gut begehbaren Saumweg ein. Leicht ansteigend hält er taleinwärts und berührt den Weiler Faido. Kurz vor dem Granitbruch beginnt der Abstieg in die enge Rovanaschlucht, die in beträchtlicher Höhe von einem Brücklein überspannt wird. Bei der Weggabelung halten wir links und steigen zur Talstrasse bei den letzten Häusern von *Linescio* (S. 122) empor.

Auf der 1895–1899 erbauten Strasse wandern wir weiter taleinwärts und überqueren bald einen wilden, felsigen Seitengraben, die Fracia. Kurz vor der Gabelung der beiden Rovanatäler verlassen wir die alte Strasse und halten links abwärts nach *Collinasca.* Zur Zeit des Saumverkehrs trennten sich hier die Wege nach Campo und Bosco-Gurin, die wir Wanderer heute noch teilweise benützen können.

Wir überschreiten die Brücke über die Bosco-Rovana, zweigen bei der klei-

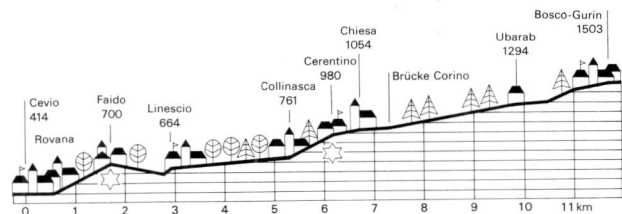

nen Kapelle rechts ab und steigen im Zickzack durch Lärchenwald empor, wobei wir die alte Strasse bei einer Haarnadelkurve kurz berühren. Wir betreten nochmals die Strasse, folgen ihr etwa 30 m abwärts und schlagen den links abzweigenden Weg ein. Zwischen zwei Trockenmäuerchen windet er sich zum Hotel Rovana und zur Post von *Cerentino* (S. 116) empor.

Etwa 100 m nach der Post in Cerentino schwenken wir rechts ab und durchqueren das Dorf auf einem gepflasterten Gässchen. Bei dem Brunnen mit dem Löwenkopf wählen wir den rechts taleinwärts führenden Weg. Unter der Fraktion Chiesa durch zieht er sich allmählich zur Strasse empor, die er vor der Abzweigung nach der nahen Fraktion Corino erreicht.

Vor der Strassenbrücke zweigen wir links ab und halten bei der Gabelung rechts zu den Heuschobern. Über dem rechten Ufer der schäumenden Rovana führt der Weg durch Wald und mit Felstrümmern übersäte Matten bis zum Steg über die Rovana. Wir wechseln hier auf das linke Ufer hinüber, auf dem unsere Route von nun an verbleibt. Diese Strecke des alten Saumweges wurde im Herbst 1974 im Auftrag des Verkehrsvereins der Valle Maggia von Forstleuten gesäubert und wieder begehbar gemacht. Bei einem grossen Felsblock betreten wir die Wiesen von Geschanu und Ubaràb. Unsere Route mündet in ein neues, geteertes Strässchen, das dieses Wiesengelände erschliesst. Bei einer Kurve zweigt ein neu hergerichteter Weg ab, der einen Seitenbach überquert und zwischen zwei Trockenmäuerchen ansteigt. Schliesslich führen uns die Windungen des alten Saumweges durch schattigen Lärchenwald zur Strasse hinauf, die wir etwa einen halben Kilometer vor *Bosco-Gurin* (S. 113) betreten.

Nebenrouten

a) Cevio–Linescio ▦ 1 Std. (Aufstieg auf der linken Talseite, die Abkürzungen der Strasse benützend.)

b) Collinasca ▦–Piano ▦ 1 Std. 45 Min.,–Campo ▦ 2 Std. 30 Min.

In *Collinasca* steigen wir zur Bosco-Rovana hinab und überqueren sie. Dort, wo der Weg nach Bosco-Gurin rechts abzweigt, gehen wir ebenhin weiter und überqueren auch die Campo-Rovana. Bei der Lichtung da l'òvi di Büzz stossen wir auf die neue Strasse nach Cerentino–Bosco-Gurin, der wir nun leider, zuletzt wieder auf der linken Talseite, über 1 km folgen müssen. Bei der Haarnadelkurve der Strasse finden wir wieder den taleinwärts führenden Fussweg. Gegenüber der mit einem herrlichen Wasserfall einmündenden Valle di Niva hält unsere Route auf die Rovana zu und überquert diese in beträchtlicher Höhe auf einer alten Steinbrücke. Am rechtsseitigen Ufer wendet sie sich gleich wieder taleinwärts. Weiter hinten im Tal erblicken wir nun die Erdrutschzone (Frana), die das Dorf Campo bedroht. Nach der Brücke über den Seitenbach Ri d'Arnau steigt der Pfad über die ausgedehnten Wiesen von da l'òvi dal Piegn an, um sich dann wieder gegen die Rovana zu senken. Eine neue Brücke führt uns endgültig an den linksseitigen Hang hinüber, über den sich der Weg nun emporwindet. Er überquert die in die Erdrutschzone führende Werkstrasse (Zugang strengstens verboten!) und führt zu dem im Wald verborgenen, verlassenen Weiler S'cèda. Er weist zwei gut erhaltene «Torba», nach Walserart erbaute Speicher mit Mäuseplatten, auf. Das 1750 erbaute Kirchlein enthält Gemälde aus dem 18 Jh. Der Weg wendet sich nun talauswärts und führt bei der Fraktion *Piano* zur Strasse empor. Auf dieser setzen wir unseren Aufstieg nach *Campo* (S. 115) fort.

31   Bosco-Gurin–Passo Quadrella–Campo

Unschwieriger, landschaftlich reizvoller Passübergang von Bosco-Gurin ins Campotal.

Route	Höhe in m	Hinweg	Rückweg
Bosco-Gurin 🚌	1503	–	4 Std. 20 Min.
Chumma	1855	1 Std. 30 Min.	3 Std. 20 Min.
Passo Quadrella	2137	2 Std. 20 Min.	2 Std. 45 Min.
Alpe di Quadrella	1785	3 Std.	1 Std. 40 Min.
Cimalmotto 🚌	1405	3 Std. 50 Min.	25 Min.
Campo 🚌	1281	4 Std. 10 Min.	–

Von der Post in *Bosco-Gurin* (S. 113) begeben wir uns am Museum Walserhaus vorbei zur langen Stallreihe am westlichen Dorfende. Ebenhin wandern wir auf geteertem Strässchen durch den Talboden der Rovana. Hinter den Heustalden des Maiensässes Zum Schwarza Brunna setzen wir die Wanderung auf einem Fussweg fort. In leichtem Anstieg durch schöne Waldpartien und über zwei Seitenbäche hinweg gelangen wir zum schäumenden Wasserfall im Talgrund der Rovana. Der Pfad windet sich nun über die steile Berg-

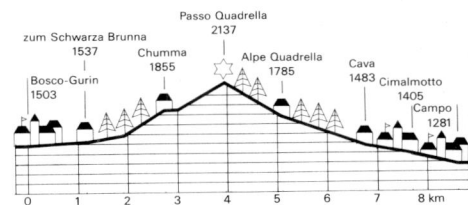

rippe rechts empor; etwa 100 m höher, bei einer kleinen Felsplatte, biegt er nach links ab. Nach einer kurzen Querung setzt sich der steile Aufstieg im Zickzack bis zu einem höher gelegenen Talkessel, der *Chumma* (1855 m), fort. Wir überqueren den Bach und steigen links durch eine steile, teilweise mit Alpenrosen bewachsene Runse empor. Im oberen Teil derselben halten wir, der weiss-rot-weissen Markierung folgend, stark nach links, um die markante, langgezogene Felsstufe zu umgehen. Zwischen ihr und dem Gipfel des Kleinhorns zieht sich ein breites Grasband nach rechts, dem wir, leicht ansteigend, zur Einsattelung des *Passo Quadrella* (2137 m) folgen. Auch über diese Senke zogen die Gletscherströme der Eiszeit. Eindrücklich ist der Tiefblick nach Süden auf die ausgedehnten Wiesenterrassen von Campo und Cimalmotto. Uns gegenüber weist die Einsattelung des Passo Porcarescio nach dem Vergelettotal.

Wir beginnen den Abstieg, indem wir auf schmalen Wegspuren schräg nach links Richtung Campo halten und den Lärchenwald betreten; nach etwa einem halben Kilometer biegen wir scharf nach rechts ab und halten auf die grossen Felstrümmer zu, die mitten im Wald auf einem Vorsprung liegen. Der Weg wird zusehends besser und tritt weiter unten auf die Lichtung der *Alpe di Quadrella* (1785 m) hinaus. Wir lassen das Alpdörfchen links liegen und betreten unterhalb des weithin sichtbaren, hohen Felsblocks wieder den Wald. Der Weg folgt zunächst dem nach wenigen Metern versickernden Wildbach. Sein Wasser tritt erst über den Wiesenhängen von Cimalmotto weider ans Tageslicht. Das mit grobem Geröll gefüllte Bett lässt jedoch erkennen, dass er nach starken Niederschlägen auch oberflächlich abfliessen und gefährlich anschwellen kann. Bei einer kleinen, in einen Lärchenstamm eingelassenen Christophorusstatue biegt der Weg nach rechts ab. Durch den nunmehr sanft abfallenden Lärchenwald, wohl einen der schönsten und ausgedehntesten im Kanton Tessin, gelangen wir in wohltuender Wanderung zu den Hütten von Cava. Über blumenreiche, mit Heustadeln übersäte Matten geht es auf geteertem Strässchen gemächlich zur obersten Siedlung des Campotales, *Cimalmotto* (S. 116), hinab.

Falls wir nicht schon in Cimalmotto das Postauto besteigen, führt uns ein kurzer Abstieg auf der Strasse nach *Campo* (S. 115).

Nebenroute

Bosco-Gurin—Grossalp—Passo Quadrella 3 Std. (Vorsicht bei Nebel!).

32

Bosco-Gurin–Grossalp–
Guriner Furka

Aufstieg zu einem historisch interessanten Pass, der zwei Siedlungsgebiete
der deutschsprachigen Walser verbindet: Bosco-Gurin und das italienische
Pomat (Formazzatal).

Route	Höhe in m	Hinweg	Rückweg
Bosco-Gurin 🚌	1503	–	1 Std. 40 Min.
Grossalp	1907	1 Std. 15 Min.	50 Min.
Guriner Furka	2323	2 Std. 30 Min.	–

Der Weg nach der Guriner Furka beginnt im oberen, hinter der Kirche liegenden Dorfteil von *Bosco-Gurin* (S. 113). Er quert die Wiesenhänge in westlicher
Richtung und wendet sich weiter oben dem Lärchenwald zu, den er schräg
aufwärts durchquert. In gleicher Richtung erreichen wir über offenes
Gelände die *Grossalp.*
Früher wurde auf diesem ausgedehntesten Weidegebiet im Tal von Bosco
ausschliesslich Familienalpung betrieben. Dazu besass jede Familie ihre
eigene Hütte und ihren eigenen Stall. So darf es uns nicht verwundern, hier
oben ein richtiges Alpdörfchen anzutreffen. Heute wird die Alp genossen-
schaftlich geführt, und über 100 Stück Grossvieh sömmern hier oben unter
der Aufsicht von angestelltem Sennereipersonal. Eine grosszügige Alp-
melioration ist geplant, wozu auch der Bau eines Gütersträsschens bis
Naatscha, dem untersten Stafel der Alp, gehört.
Seit 1971 ist die Grossalp ein beliebtes, durch einen Skilift erschlossenes
Wintersportgebiet, für das ebenfalls ein grösseres Ausbauprojekt besteht.
Unterkunftsmöglichkeit in der UTOE-Hütte der Sektion Locarno (34 Plätze).
Über ausgedehnte Alpweiden, in denen sich die Pfadspuren öfters verlieren,
halten wir zuerst in nordwestlicher, dann in westlicher Richtung auf die *Guri-
ner Furka* (S. 119) zu, die wir als markanten, U-förmigen Einschnitt zwischen
dem Ritzberg und dem Martschenspitz erkennen.

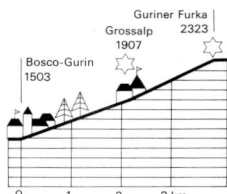

33

Bignasco–Foroglio–
San Carlo

Talwanderung durch das Val Bavona, eines der eindrücklichsten Trogtäler der Schweiz. Nebst reizvollen Wegstrecken sind auch einige Abschnitte auf der Strasse zurückzulegen.

Route	Höhe in m	Hinweg	Rückweg
Bignasco 🚌	443	–	2 Std. 50 Min.
Cavergno 🚌	459	15 Min.	2 Std. 35 Min.
Fontana 🚌	616	1 Std. 10 Min.	1 Std. 50 Min.
Foroglio 🚌	684	1 Std. 55 Min.	1 Std. 10 Min.
San Carlo 🚌	938	3 Std. 20 Min.	–

Von der Autobus-Endstation in *Bignasco* (S. 112) folgen wir der Strasse in nördlicher Richtung. Bei der Gabelung jenseits der Brücke schlagen wir links die Strasse nach dem Val Bavona ein und folgen ihr bis zum nahen Dorf *Cavergno* (S. 115).
Wenige Schritte nach der Strassengabelung zweigen wir links ab (weiss-rot-weisse Markierung). Ein Wiesenpfad führt uns über den Talboden zur Hängebrücke über die Bavona. Ein schöner Weg folgt nun dem rechtsseitigen Talhang, meist durch Wald und an mächtigen, herabgestürzten Felsblöcken vorbei. Bei der Wasserfassung der Maggiawerke gegenüber Molini kehren wir über eine Brücke ans linksseitige Bavonaufer zurück.
Auf der Strasse gehen wir einige Schritte taleinwärts und zweigen an deutlich markierter Stelle rechts ab. Bis *Fontana* verläuft nun unsere Route am östlichen Talhang, später wieder auf der Strasse, unterhalb des Weilers Sabbione durch. In Ritorto leitet uns die Markierung auf einen parallel zur Strasse verlaufenden Weg.
Gleich hinter der Brücke von *Foroglio* (S. 117) schlagen wir den rechts abzweigenden alten Saumweg ein. Besonders eindrücklich ist in diesem Talabschnitt der kastenförmige Querschnitt des Val Bavona mit den beidseitig

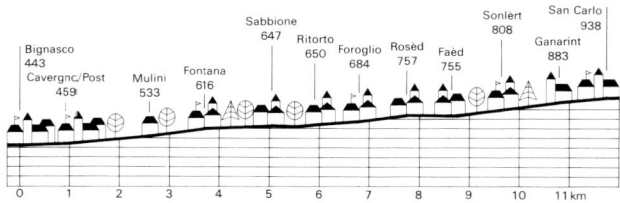

Foroglio, das durch einen hohen Wasserfall bekannte Sommerdorf im Bavonatal. Das Kirchlein birgt einen spätgotischen Flügelaltar (Route 33).

400 m hohen, fast senkrecht aufstrebenden Felswänden. Bei der Einmündung in die Strasse wechseln wir wieder ans linksseitige Ufer der Bavona und zweigen gleich nach der Brücke links zum Weiler Rosèd ab. Wir durchqueren das Dörfchen und wandern an seinem Ausgang (Markierung) auf einem Wiesenpfad weiter. Zwischen zwei Trockenmäuerchen halten wir abwärts in den Wald, überqueren einen Seitenbach und erreichen den Weiler Faéd. Wiederum durch Wald und über den Bach aus dem Valle di Foioi erreichen wir die Häusergruppe Serta und die Brücke über die Bavona. Nach kurzem Aufstieg betreten wir die Talstrasse beim Dörfchen Sonlèrt. Die Kapelle S. Giuseppe (erbaut 1768) enthält ein Gemälde des Titelheiligen von Antonio Rinaldi (19. Jh.).

Kurz nach Sonlèrt leitet uns die Markierung auf einen links abzweigenden Weg. Schliesslich mündet unsere Route wieder in die Talstrasse, die über den ausgedehnten, mit mächtigen Felstrümmern übersäten Bergsturzkegel von Ganarint ansteigt. Die einsam gelegene, 1595 erbaute Kirche S. Maria delle Grazie enthält gute Gemälde aus dem 17. Jh.

Bald haben wir das Ziel unserer Wanderung, *San Carlo* (S. 130), erreicht.

34 San Carlo–Passo Cristallina–Ossasco

Die beliebteste und landschaftlich eindrucksvollste Passwanderung im Kanton Tessin. Ausgezeichnete Wegverhältnisse und ideale Unterkunftsmöglichkeiten in den SAC-Hütten Basodino und Cristallina sowie im neuen Gasthaus auf Robiei. Erleichterung der Tour durch die Luftseilbahn San Carlo–Robiei.

Route	Höhe in m	Hinweg	Rückweg
San Carlo 🚌 🚡	938	–	7 Std. 30 Min.
Campo	1388	1 Std. 20 Min.	6 Std. 35 Min.
Capanna Basodino	1856	2 Std. 50 Min.	5 Std. 40 Min.
Robiei 🚡	1891	3 Std.	5 Std. 30 Min.
Passo Cristallina	2568	5 Std. 35 Min.	3 Std. 40 Min.
Capanna Cristallina	2349	6 Std.	3 Std.
Alpe di Cristallina	1800	7 Std.	1 Std. 25 Min.
Ossasco 🚌	1313	8 Std.	–

Bei der Kirche von *San Carlo* (S. 130) beginnt zwischen zwei Trockenmauern der Alpweg nach Robiei. Er kreuzt die breite, geteerte Strasse, die dem Bau des Kraftwerkes diente. Zuerst über Wiesen, dann durch dichtes Hasel- und Erlengestäuch zieht sich der angenehme und schattige Weg an der rechten Talseite empor. Etwas abseits, in der Wildnis versteckt, liegt der verlassene Weiler Presa (S. 129). Im weiteren Aufstieg verfolgen wir den allmählichen Übergang von einer üppigen, an hohen Farnkräutern reichen Buschwaldvegetation zum Nadelwald, der hier durch lichten Lärchenbestand vertreten ist. Auf breiter Front, von Block zu Block, stürzt sich die schäumende Bavona zu Tale. Nach Überwindung der ersten Talstufe, bei den Hütten von *Campo,* wechselt der Pfad ans linke Ufer des Baches hinüber und dringt in den Engpass. Die Basodinohütte wird bald über der nächsten Talstufe sichtbar. Der Weg zu ihr ist steil und beschwerlich, doch der herrliche Wasserfall der Bavona lässt uns die Mühen vergessen. Die *Capanna Basodino* (1856 m),

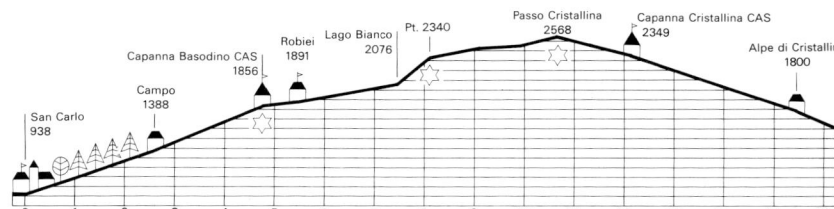

Eigentum der Sektion Locarno des SAC, wurde 1927 erbaut. Sie ist während der Sommermonate bewirtet. Von der Hüttenterrasse aus geniessen wir erstmals den Anblick des Basodinogletschers, der sich als breiter Schild bis dicht unter den felsigen Gipfel hinaufzieht. Seine Schmelzwasser gleiten in schimmernden Bächen über glattgeschliffene Wände und sammeln sich in der engen Karmulde der Alpe Zöt, wo man sie im gleichnamigen Staubecken aufspeichert.

Wir folgen dem Strässchen, das zum Staubecken, zur Zentrale und zum Hotel *Robiei* führt. Die im Stausee Robiei (6,5 Mio m³) angesammelte Wassermenge wird auf die Turbinen der Zentrale in San Carlo geleitet.

Der zum grösseren Stausee Lago di Cavagnoli führenden Werkstrasse folgen wir taleinwärts bis zum Lago Bianco, wo der Weg zum Cristallinapass rechts aufwärts hält. An den zerfallenen Hütten von Pioda vorbei erreichen wir in steilem Aufstieg Pt. 2340. Die Aussicht ist umfassender geworden. Wir erkennen nun auch die schwarze Felspyramide des Pizzo di San Giacomo, den Ghiacciaio dei Cavagnoli mit der Karmulde, die jetzt in einen Stausee verwandelt ist (Höhe der Staumauer 106 m, Länge 317 m, Druckschacht nach der Zentrale Robiei). Südlich der Val Cavagnoli zeigt uns das Eintauchen der Gesteinsschichten, dass wir bereits in der Stirnzone der penninischen Decken angelangt sind. Eine längere Hangtraverse führt uns hoch über den teilweise mit Eis bedeckten Lago Sfundau (S.121). Der Weg quert einen steilen, mit Felsen durchsetzten Hang und hält allmählich zum deutlich sichtbaren Einschnitt des *Passo Cristallina* (2568 m). Im Osten gibt eine kleine Firn- und Gletschermulde die Sicht auf die Cristallina (2911 m) frei, den Mittelpfeiler zwischen den vier Tälern Val Bavona, Val Torta, Val Sambuco und Val di Peccia. Der Abstieg durch das Val Torta erfolgt am linksseitigen Hang. In einer guten Viertelstunde ist die geräumige *Capanna Cristallina* (2349 m) der Sektion Ticino des SAC erreicht. Sie ist im Frühjahr Ausgangspunkt lohnender Skitouren. Im weiteren Abstieg beachten wir im Osten die markante Lücke des Passo di Naret. Sie bildet die geologische Grenze zwischen den steil eintauchenden nördlichen Stirnschuppen der penninischen Decken und den bräunlichen, dem Gotthardmassiv vorgelagerten Kalkschiefern der Bedretto-Mulde.

Auf gutem Weg steigen wir zur *Alpe di Cristallina* hinab. Sie ist Eigentum der Gemeinde Giornico, wurde vor etlichen Jahren durch ein Alpsträsschen zugänglicher gemacht und wird jeden Sommer mit rund 130 Stück Grossvieh bestossen. Bei den neuen Alpgebäuden halten wir einige Schritte nach rechts und steigen auf markierten Pfadspuren durch eine mit Lärchen bestandene, breite Talmulde ab. Der Pfad schneidet zwei Kehren des neuen Alpsträsschens. Knapp über dem Steilabfall in das Val Bedretto schwenken wir links ab und benützen den gemächlich absteigenden, den Hang talein-

wärts querenden Weg. Bei einer Lichtung zweigen wir rechts ab und gelangen in steilem Abstieg nach *Ossasco*.

Nebenrouten
a) Capanna Basodino–Lielp–Lago Bianco 1 Std.
b) Alpe di Cristallina–Piano di Pescia–Ossasco 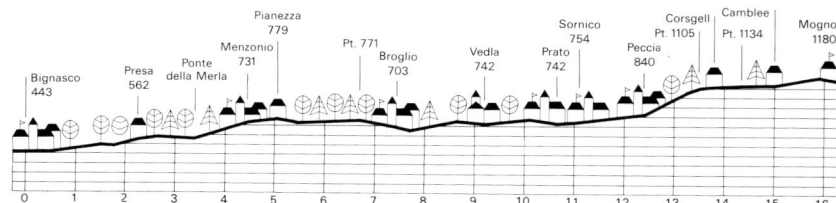 1 Std.

Abzweigung
c) Robiei–Bocchetta di Valle Maggia 2 Std. 30 Min., –Rifugio Val Toggia 3 Std. 45 Min. (Nur für gute Berggänger. Grenzübertritt!)

35   Bignasco–Peccia–Fusio

Reizvolle, gut markierte Talroute durch das Val Lavizzara.

Route	Höhe in m	Hinweg	Rückweg
Bignasco	442	–	4 Std. 40 Min.
Menzonio	731	1 Std. 30 Min.	3 Std. 30 Min.
Broglio	703	2 Std. 15 Min.	2 Std. 45 Min.
Prato	742	3 Std. 10 Min.	2 Std.
Peccia	840	3 Std. 40 Min.	1 Std. 35 Min.
Fusio	1289	5 Std. 45 Min.	–

Von der Autobus-Haltestelle in *Bignasco* (S. 112) gehen wir zurück bis zur neuen Brücke, auf der wir die Maggia überqueren (Wegweiser) und biegen sofort links ab. Wir können aber auch bei der Kirche die alte, gewölbte Brücke benützen, die weiter flussaufwärts liegt. Dem linksseitigen Talhang entlang folgen wir einem geteerten Strässchen bis zu den Wiesen von Ronco. Bei der Rechtskurve gehen wir geradeaus weiter. Bald geht unsere Route in e nen schönen Fussweg über. Eine Wegkapelle, beidseitige Mäuerchen und die zerfallenden Häuser des verlassenen Weilers Presa zeigen,

dass wir uns hier auf dem alten Saumweg nach dem Lavizzaratal befinden. Er führt meist durch schattigen Wald und vermittelt eindrückliche Tiefblicke in die enge Schlucht, die sich hier die Maggia gegraben hat.
Bald erreichen wir das alte, gewölbte Steinbrücklein Ponte della merla, auf dem wir auf die rechte Talseite hinüberwechseln. Wir kreuzen die Talstrasse und steigen auf dem alten Saumweg nach *Menzonio* (S. 125) hinauf. Wir durchqueren das Dorf taleinwärts und folgen dem leicht ansteigenden Strässchen nach Pianezza. Beim Wegweiser «Broglio» zweigen wir rechts ab. Der grösstenteils neu angelegte Weg durchquert den steilen, bewaldeten Hang und erreicht die Haarnadelkurve des Strässchens nach den Monti di Rima (Pt. 771). Auf diesem steigen wir nach *Broglio* (S. 114) hinab.
Beim Ristorante Zoppi kreuzen wir die Strasse und steigen zur Maggia hinunter, die wir auf der Brücke überqueren. Am linksseitigen Hang folgen wir dem «sentiero panoramico», der nach der Überquerung des Seitenbaches Ri di Tomè sich allmählich zur Häusergruppe und Kapelle von Vedla senkt. Unsere Route überquert bald den Seitenbach aus dem Val di Prato und mündet schliesslich in das aus diesem Tal herausführende Strässchen, auf dem wir nach *Prato* (S. 128) absteigen.
Wir folgen nun der Talstrasse über Sornico (S. 131) nach *Peccia* (S. 128), das an der Einmündung des gleichnamigen Tales ins Val Lavizzara liegt.
Durch den Dorfkern steigen wir zur Strassenkurve oberhalb der Kirche hinauf. Nach der Carrozzeria Mattei zweigen wir rechts von der Strasse ab. Im Aufstieg über die gegen 300 m hohe Talstufe des Val Lavizzara kreuzt oder berührt der Fussweg sechsmal die Strasse. Oberhalb der Kurve bei Pt. 978 legen wir einige Schritte nach links auf der Strasse zurück, um dann den rechts abzweigenden, oberhalb der Strasse verlaufenden Fussweg einzuschlagen. Er führt vor Pt. 1105 über einen Damm, der die Strasse vor Felssturz schützt, und verläuft ebenhin bis Corsgell.
Wir legen nun einen halben Kilometer auf der Talstrasse zurück. Bei einer Hüttengruppe (Pt. 1134) leitet uns die Markierung rechts aufwärts. Bei der Gabelung im Wald folgen wir dem unteren Weg, der sich gegen die Hütten von Camblee senkt. Die Route steigt wieder, durchquert einen felsdurchsetzten Hang und windet sich durch eine Mulde zu einem vorspringenden Rücken hinauf, hinter dem ein Gütersträsschen abwärts Richtung Mogno (S. 126) führt. Kurz oberhalb des Dörfchens schlagen wir rechterhand einen Feldweg ein, der sich beim Eintritt in den Wald zu einem Fussweg verengt. Bei einer Haarnadelkurve mündet er in ein Strässchen, dem wir aufwärts nach *Fusio* (S. 118) folgen.

Nebenroute
Broglio ▭—Monti di Rima–Prato ▭ 1 Std. 40 Min.

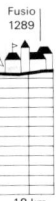

Fusio
1289

18 km

36 Fusio–Lago di Mognòla– Canà–Fusio

Leichter, überaus lohnender Aufstieg zu einem reizvollen Bergsee.

Route	Höhe in m	Hinweg	Rückweg
Fusio 🚌	1289	–	4 Std. 35 Min.
Lago di Mognòla	2003	2 Std. 30 Min.	2 Std. 50 Min.
Canà	2079	2 Std. 55 Min.	2 Std. 30 Min.
Fusio 🚌	1289	4 Std. 40 Min.	–

Wir durchqueren den nördlichen Dorfteil von *Fusio* (S. 118), überschreiten die Maggiabrücke und folgen etwa 100 m der Strasse. Bei einer rötlichen Kapelle zweigen wir rechts ab und steigen auf einer Abkürzung zur Strasse nach dem Sambuco-Stausee hinauf. Wir verlassen sie bei der ersten scharfen Linkskurve, um auf einem gemächlich ansteigenden Natursträsschen dem Hang entlang talauswärts zu wandern. Bei der Linkskurve in Vacarisc di fuori zweigt unser weiss-rot-weiss markierter Fussweg ab. Erst oberhalb des länglichen Gebäudes halten wir nach rechts und überqueren den Bach auf einem Brücklein. Durch Wald führt unsere Route zu dem auf einem Vorsprung gelegenen Maiensäss Corte dell'Ovi hinauf. Der weitere Aufstieg erfolgt über die Rippe oberhalb der Hütten, wobei wir uns etwas links gegen den Waldrand halten. Weiter oben nähert sich der steile Pfad allmählich dem Bergbach Ri di Mognòla und zwängt sich durch einen kurzen Engpass zum schönen, weiten Alpboden der Corte Mognòla hinauf.

Die Alp bestand ehemals aus zwei Teilen, der Corte di dentro und der Corte di fuori. Die noch teilweise erhaltene Trennungsmauer folgt ungefähr dem Lauf des Bächleins. Heute sind die Alpen Mognòla und Vacarisc zusammengelegt und werden mit etwa 45 Rindern und 80 Ziegen bestossen.

Wir halten nun auf die zwischen lockeren Lärchenwaldstreifen ansteigende Schneise zu. Über diese führen uns spärliche Pfadspuren direkt aufwärts (Markierung beachten!). Schliesslich hält der wieder deutlicher sichtbare

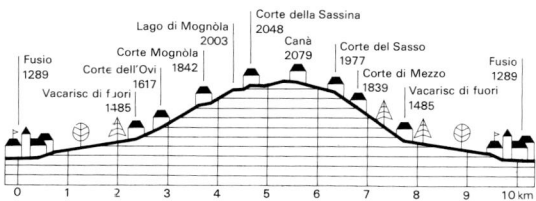

Alpkapelle von Calascio (oberhalb Intragna), auf dem aussichtsreichen Bergrücken zwischen Centovalli und Valle Onsernone gelegen (Route 23).

Pfad rechts auf den schönen Wasserfall des Ri di Mognòla zu und erreicht den Ausfluss des *Lago di Mognòla*. Der Bergsee weist eine Oberfläche von 50 000 m² auf und liegt in einer von einem eiszeitlichen Gletscherchen gebildeten Karnische, die im Hintergrund von Schutt- und Felshängen begrenzt ist.

Wir halten nun links aufwärts zu dem Rücken nördlich des Sees, auf dem sich die kleine Hütte von Corte della Sassina befindet. Ein Pfad führt nun dem Hang entlang leicht abwärts. Wir gelangen nun in eine ausgeprägte Mulde, auf deren linken Seite wir auf deutlichen Pfadspuren ansteigen. Von der Anhöhe über dem kleinen See ist im Westen der Gipfel des Basodino mit dem oberen Teil des gleichnamigen Gletschers zu erkennen. In gleicher Richtung steigen wir zum Bächlein Ri di Vacarisc hinab, das wir überqueren, um zur Alphütte *Canà* (auch als «Gana» bezeichnet) zu gelangen.

Ein schöner Weg führt uns nun talauswärts. Wir treffen noch auf Spuren der alten steinernen Wasserleitung nebst der neuen Rohrleitung. Bald geht es zum grossen Alpgebäude von Corte del Sasso, einem Stafel der Alp Vacarisc, hinunter, wobei wir einen eindrücklichen Tiefblick auf den Sambuco-Stausee geniessen. Der Abstieg wird nun recht steil und führt über eine Rippe hinab. Unterhalb der Hütte von Corte di Mezzo dringt der weiss-rot-weiss markierte Weg allmählich in den lockeren Lärchenwald ein. Beim länglichen Alpgebäude in Vacarisc di fuori stossen wir wieder auf unsere Aufstiegsroute, auf der wir nach *Fusio* zurückkehren.

37 Fusio–Passo del Narèt– Ossasco

Oft begangene Passroute mit genussvollem Aufstieg durch das herrliche, an Bergseen reiche Sambucotal.

Route	Höhe in m	Hinweg	Rückweg
Fusio 🚌	1289	–	6 Std. 25 Min.
Staumauer Sambuco	1460	35 Min.	6 Std.
Campo di Sotto	1603	1 Std. 45 Min.	5 Std.
Lago del Narèt	2310	3 Std. 35 Min.	3 Std. 40 Min.
Passo del Narèt	2438	4 Std. 10 Min.	3 Std. 15 Min.
Alpe di Cristallina	1800	5 Std. 20 Min.	1 Std. 25 Min.
Ossasco 🚌	1313	6 Std. 15 Min.	–

Wir durchqueren den nördlichen Dorfteil von *Fusio* (S. 118), der mit seinen braunen Holzstadeln an eine Walliser Siedlung erinnert, und überschreiten die Maggiabrücke. Bei einer rötlichen Kapelle beginnt rechter Hand eine Abkürzung, die in steilem Aufstieg zwei Kehren der Strasse schneidet. Dieser folgen wir bis zum grossen Parkplatz vor der *Staumauer des Lago Sambuco* (S. 121), deren Krone wir durch einen 200 m langen Stollen erreichen. Durch einen zweiten Tunnel und dem stark gebuchteten linken Ufer des Lago Sambuco entlang dringt das Fahrsträsschen weiter taleinwärts. Im Sommer hat das Speicherbecken die als deutliche Uferlinie erkennbare Staukote auf 1460 m noch nicht erreicht. Bei maximaler Absenkung liegt der Wasserspiegel nur auf 1370 m, also 90 m tiefer. Am oberen Ende des Sees setzen wir unsere Wanderung durch lichten Lärchenwald in gleicher Richtung fort. Auf dieser Strecke deckt sich der Alpweg meistens mit dem Werksträsschen, das bis zum Lago del Narèt angelegt wurde. Bald zweigen wir links zur Alphütte von *Campo di Sotto* ab, dem unteren Stafel der ausgedehnten Alp Campo la Torba (S. 111).
Wir überqueren die Ebene und dringen, oberhalb der Maggia, in die folgende

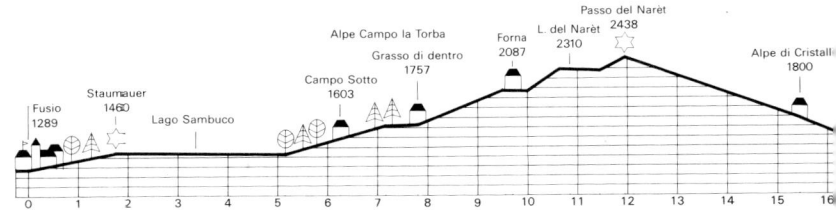

Talenge ein. Stärker ansteigend, erreichen wir den ausgedehnten Talboden von Grasso di Dentro, wo wir uns endgültig vom Strässchen entfernen. Unser Weg folgt nun der nördlichen Talflanke und führt durch eine steile Runse zum Stafel Fornaa empor. Durch einen felsigen Engpass erklimmen wir die nächste Talstufe und erreichen den Fuss der nördlichen, 80 m hohen und 435 m langen Staumauer. Hier stossen wir auf einen breiten Weg, der uns rechts aufwärts auf die Höhe der Mauerkrone des *Lago del Narèt* (S. 121) führt. Wir können den See südlich über die beiden Staumauern umgehen, oder nördlich, indem wir zuerst in einigen Kehren eine kleine Anhöhe ersteigen. Die beiden Varianten treffen sich über dem Westufer, wo früher die von Campo la Torba aus bestossene, nun vom Stausee überflutete Alp Narèt lag. In westlicher Richtung steigen wir auf markiertem Pfad zur deutlich ausgeprägten Lücke des *Passo del Narèt* (2438 m) empor, wo sich der Blick auf die Berge des Bedrettotales öffnet. Hier stossen von Süden her die Stirnschuppen der penninischen Decken mit den Kalkschiefern der Bedrettomulde zusammen, aus denen die nördlich aufstrebende Kuppe des Madone besteht. Die Umgebung des Narètpasses ist durch ihre reichhaltige Alpenflora bekannt. Als eher seltene Bergblumen findet man hier u.a. die Rauhaarige Kammerschmiele (Koeleria hirsuta) und die Schmalfrüchtige Hungerblume (Draba carinthiaca).
Der Abstieg in das Val Torta erfolgt auf gutem Wege in weitausholenden Kehren. Bei den obersten Alphütten im Talgrund stossen wir auf Route 34, die wir zum weiteren Abstieg über die *Alpe di Cristallina* ins Bedrettotal nach *Ossasco* benützen.

Abzweigung
Pt. 2224 (Val Torta) – Cap. Cristallina SAC 30 Min.

Die Schmalfrüchtige Hungerblume (oder das Korinther Felsenblümchen) ist eine vor allem in der alpinen, seltener subalpinen Zone vorkommende mittel- und südeuropäische Gebirgspflanze. Die exponierten Standorte auf steinigen, offenen Böden, auf Graten und in lockeren Rasen bieten sehr harte **Lebensbedingungen. Typisch ist deshalb der zwergförmige Polsterwuchs, der vor Austrocknung schützt, einer Gefahr, die durch die starke Sonneneinstrahlung in diesen Höhenlagen, die oft kräftigen Winde und die kalte Luft entsteht. Abbildung der Pflanze etwa in Naturgrösse.**

38 Fusio–Passo del Sasso Nero–Peccia

Selten begangener, lohnender Übergang vom Sambuco- ins Pecciatal. Der geplante Bau eines Alpsträsschens im Pecciatal bis zur Alpe Froda könnte sich auf einen Teil der Wegführung auswirken.

Route	Höhe in m	Hinweg	Rückweg
Fusio 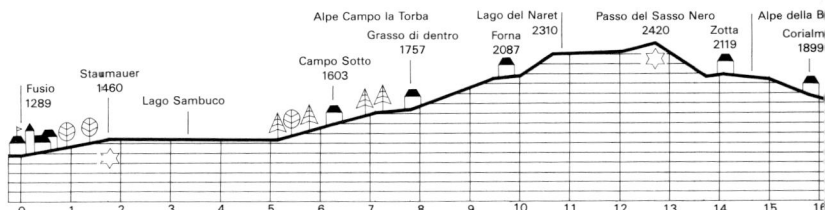	1289	–	9 Std.
Staumauer	1460	35 Min.	8 Std. 40 Min.
Campo di Sotto	1603	1 Std. 45 Min.	7 Std. 40 Min.
Lago del Varèt	2310	3 Std. 35 Min.	6 Std. 20 Min.
Passo del Sasso Nero	2420	4 Std. 15 Min.	5 Std. 50 Min.
Corte della Froda	1745	5 Std. 45 Min.	3 Std. 40 Min.
Marmorbrüche	1165	7 Std.	1 Std. 50 Min.
Piano di Peccia	1034	7 Std. 30 Min.	1 Std.
Peccia	840	8 Std. 15 Min.	–

Bis zum *Narètsee* auf Route 37. Über die beiden Staumauern begeben wir uns ans südliche Seeufer. Wir verlassen es bei dem kleinen, linkerhand liegenden See. Die weiss-rot-weisse Bergmarkierung führt uns durch eine steinige Mulde in südlicher Richtung zum *Passo del Sasso Nero* (2420 m) empor.

Von der markanten Lücke am östlichen Ende der Einsattelung begeben wir uns einige Schritte in westlicher Richtung, bis wir auf den ins Pecciatal absteigenden Pfad stossen. Er führt zuerst steil auf einen flachen Boden hinab. Am Ausgang dieser Karmulde geht es über eine weitere Steilstufe zum Talgrund des oberen Val di Peccia hinab, und wir erreichen die Hütten von Zotta, einem Stafel der Alpe della Bolla. Von hier aus zieht sich unser Weg auf der rechten Talseite weiter. Der Bach windet sich hier durch eine grüne Schwemmlandebene.

Beim Corialmètt wechselt die markierte Route ans linke Ufer hinüber, um über die nächste Talstufe zum Corte della Bolla abzusteigen. Eine etwas längere, aber bequemere Variante zieht sich dem rechtsseitigen Hang entlang, durchquert absteigend einen Lärchenwald und erreicht die Hütten von *Corte della Froda* (1745 m), am Ausgang des gleichnamigen Seitentälchens. Dessen Einzugsgebiet bildet die erste von vier charakteristischen Bergnischen in der westlichen Flanke des Pecciatales. Für die Alpe della Froda und die Alpe della Bolla plant die Bürgergemeinde Peccia umfassende Alpmeliorationen, wobei auch ein Zufahrtssträsschen gebaut wird. Auf der Alpe della Froda soll das Milchverwertungszentrum eingerichtet werden, das die Produktion von Alpkäse erleichtern wird. Wir überqueren den Seitenbach auf einem Holzbrücklein und folgen durch herrlichen Lärchenwald und Alpenrosen einer natürlichen Geländeterrasse, zuerst ebenhin, dann stärker absteigend und an der Alpkapelle von Sassello vorbei nach Casgiolèir. Eine ganze Zeile von Alphütten steht hier in Lawinenrichtung, durch die keilförmige Mauer hinter der letzten Hütte vor den abgleitenden Schneemassen geschützt. Bei der Gabelung nach der nächsten Felsrippe wählen wir den unteren, absteigenden Weg, der mit Hilfe aufgestützter Steinplatten über der tiefen, steilwandigen Schlucht angelegt wurde. Beim Übergang in die hohe Talstufe, welche das obere von dem unteren Val di Peccia trennt, öffnet sich der Blick in die Karnische der Alpe Sarodano und auf den kühnen Felsturm des Castello. Nach steilem Abstieg über die Wiesenhänge der Maiensässe Erta betreten wir bei den *Marmorbrüchen* (S. 128) den 200 m tiefer gelegenen unteren Talboden.

Den Weg nach Piano di Peccia legen wir entweder ganz auf dem Strässchen zurück oder zweigen bei der Brücke, die ans rechtsseitige Ufer hinüberführt, links ab und folgen dem markierten Fussweg. In S. Antonio beachten wir den prachtvollen Holzspeicher, eine richtige «torba», wie im Wallis auf Pfosten mit Mäuseplatten ruhend, aber mit weitausladendem Dach und vollständigem Laubenumgang. *Piano di Peccia* (1034 m) ist dank der Marmorbrüche und der Zentrale der Maggiawerke zu einer moderne Züge tragenden Siedlung geworden. Wer es nicht vorzieht, das Postauto zu benützen, wandert am rechtsseitigen Ufer weiter bis gegenüber der Fraktion San Carlo, wo er

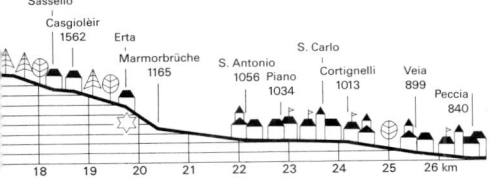

über eine Brücke zur Strasse hinüberwechselt. Dieser folgt er bis kurz nach der Fraktion Cortignelli, wo rechterhand der markierte alte Saumweg abzweigt. Er führt unterhalb der Strasse an mehreren Bildstöcken vorbei und durchquert den verlassenen Weiler Veia, dessen vermutlich spätmittelalterliche Kapelle an der Fassade ein Muttergottesgemälde von 1633 aufweist. Bei zwei Wegkapellen führt die Route wieder zur Strasse hinauf und folgt ihr bis *Peccia* (S. 128).

39   Fusio–Passo Campolungo–
Rodi-Fiesso

Eine der bekanntesten Passrouten im Tessin. Verbindet das Val Lavizzara mit der Valle Leventina. Ausgezeichnete Wegverhältnisse.

Route	Höhe in m	Hinweg	Rückweg
Fusio 🚌	1289	–	6 Std. 40 Min.
Corte di Zaria	1878	2 Std. 10 Min.	5 Std. 15 Min.
Passo Campolungo	2318	3 Std. 15 Min.	4 Std. 30 Min.
Alpe Campolungo	2086	4 Std.	3 Std. 30 Min.
Capanna Tremorgio	1851	4 Std. 30 Min.	2 Std. 45 Min.
Rodi-Fiesso 🚂	940	6 Std. 20 Min.	–

Die Route von *Fusio* (S. 118) zum Campolungopass deckt sich mit Route 37 bis kurz vor der Sambuco-Staumauer. Bei der Kapelle (Wegweiser) zweigt rechts das Alpsträsschen ab, das sich nach *Colla* hinaufwindet (Abkürzungen möglich). Wir folgen nun weiter dem Fahrweg taleinwärts bis zur *Corte di Zaria*. Ein breiter Weg windet sich zu einer Mulde empor, durch die wir eine kleine Schwemmlandebene erreichen. Hierher gelangen wir auch, wenn wir zwischen Colla und Corte di Zaria links abzweigen und am nördlichen Talhang aufsteigen.

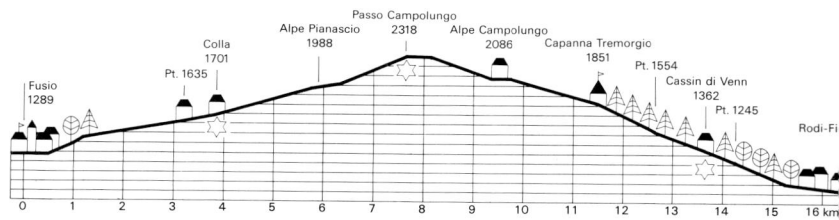

Nun steigen wir auf deutlichem Pfad, stets auf der rechten Seite des Baches, zum *Passo Campolungo* (S. 127) empor. Von der Passhöhe aus folgt der Weg der ebenhin verlaufenden, linksseitigen Hangterrasse. In der gegenüberliegenden Karmulde erkennen wir den kleinen Bergsee Leít. Über eine Rippe aus weisslichem, gipsartigem Gestein steigen wir zur *Alpe Campolungo* (2086 m) hinab, die aus zwei kreisförmigen, durch eine niedrige Stufe getrennten Talbecken besteht. Nach einem letzten Rückblick auf die Passhöhe und auf die schwarze, kantige Felsburg des Pizzo del Prévat wenden wir uns der neuen Alphütte und dem Fusse des Passo Vanit zu, über den sich die helle Dolomitzone nach Osten erstreckt. Hier überschreiten wir den Bach und biegen links ab. Unvermittelt stehen wir am oberen Rande des dolinenförmigen, vom Gletscher ausgehobelten Kessels, der den Lago Tremorgio umgibt. Der Weg zieht sich der Steilwand des Kars entlang und steigt in mehreren Kehren zum Bergrestaurant am *Lago Tremorgio* (S. 121) hinab. Wir überschreiten den Steg und beginnen in kurzen, engen Windungen den Abstieg ins Tessintal. Der angenehme, schattige, kaum zu verfehlende Weg, der uns interessante Ausblicke auf die Terrassendörfer am Sonnenhang der Leventina und auf die Piottinoschlucht vermittelt, steigt über die Lichtung des Cortone di Ven in unzähligen Kehren nach *Rodi-Fiesso* hinab.

Abzweigungen
a) A. Campolungo–Cap. Leít 25 Min.
b) A. Campolungo–P. so Vanit 15 Min.,–A. Cadonighino–Dalpe ᴥᴥᴥ
    2 Std. 15 Min.

**Von Vira, am Fusse des ▶
Monte Gambarogno,
schweift der Blick über
das obere Seebecken zur
Verzascamündung.**

40 Piazzogna– Monti di Caviano– Ranzo-S. Abbondio/Stat.

Höhenweg über dem Lago Maggiore mit z. T. schmalen Verbindungswegen. Durch Benützung des Postautos bis Bivio Monti di Piazzogna (Strecke nach Indemini) kann die Tour auf 4¾ Std. gekürzt werden.

Route	Höhe in m	Hinweg	Rückweg
Piazzogna 🚌	356	–	5 Std. 50 Min.
Monti di Piazzogna	790	1 Std. 15 Min.	5 Std.
Monti di Vairano	790	1 Std. 35 Min.	4 Std. 40 Min.
Monti di Gerra	820	2 Std. 25 Min.	3 Std. 50 Min.
Monti di S. Abbondio	800	3 Std. 25 Min.	2 Std. 50 Min.
Monti di Caviano	695	4 Std. 10 Min.	2 Std.
Caviano 🚌	274	5 Std.	45 Min.
S. Abbondio 🚌	331	5 Std. 20 Min.	30 Min.
Ranzo-S. Abbondio/Stat. 🚢	220	5 Std. 40 Min.	–

Ausgangspunkt unserer Wanderung ist das Terrassendorf *Piazzogna* (S.128), das wir mit dem Postauto von Locarno her erreichen.
Wenige Meter östlich der Kirche, bei der Postauto-Haltestelle, verlassen wir die Strasse und steigen, den bogenförmigen Hausdurchgang benützend, durch das Dorf hinauf. Bei der Linkskurve des Strässchens, das zu den Villen am Waldrand führt, schlagen wir den Fussweg ein, der zunächst dem Bach folgt. Durch den mit Birken durchsetzten Kastanienwald gewinnen wir rasch an Höhe; der Weg vermittelt uns hin und wieder schöne Ausblicke über den See.
Zuletzt führt uns der Aufstieg über offene Matten zum Strässchen auf den *Monti di Piazzogna.*
Während wir ebenhin die Wiesenhänge dieses Maiensässes queren, freuen wir uns an der herrlichen Aussicht auf den Lago Maggiore. Bald dringt das

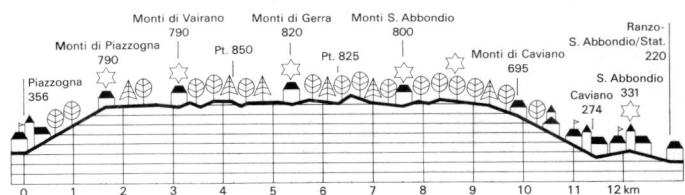

geteerte Strässchen in das mit Rottannen und Lärchen bestandene Tobel der Valle di Derbo ein und quert zu den *Monti di Vairano.* Hinter dem Engpass von Ponte Brolla öffnet sich nun auch das Maggiatal immer mehr unseren Blikken. Noch vor dem Ende der breiten Lichtung endet das Fahrsträsschen; wir aber setzen unsere Wanderung auf schmalem Pfad in gleicher Richtung fort bis zur äussersten, auf der Karte mit Corte della Costa angegebenen Hüttengruppe.

Hier beginnt die Durchquerung der steilen, bewaldeten, von mehreren Runsen zerschnittenen Valle di Cedullo (Markierung beachten!). Der schmale Pfad steigt zunächst steil ab, setzt über mehrere Wildbäche, um dann in einigen Windungen etwa 50 m anzusteigen. Nach einem flachen Teilstück biegt er in das wilde, von Felsstufen durchsetzte Haupttobel der Valle di Cedullo ein. Ein Holzgeländer sichert den steilen Abstieg zum Cedullo-Bach (Vorsicht!), der hier in einem schönen Wasserfall über die hohe Felsstufe stürzt. Nachdem wir den Bach auf einem Brücklein überquert haben, nehmen wir die steile Gegensteigung in Angriff. Nach einem weiteren Abstieg und Wiederaufstieg betreten wir sanfteres Waldgelände und gelangen fast ebenhin zu den *Monti di Gerra* (840 m).

Im Zuge einer Wiederherstellung und Neumarkierung der Wege im Gambarogno-Gebiet wurde auch die vordem kaum noch begehbare Verbindung Monti di Gerra–Monti di S. Abbondio für den Wanderer neu erschlossen. Wer es nicht vorzieht, hier schon zum Lago Maggiore, nach Gerra, abzusteigen, kann die Hangwanderung hoch über dem See beträchtlich verlängern. In der Mitte des Alpdörfchens der Monti di Gerra (bei Wegweiser) halten wir wieder links leicht aufwärts und erreichen dann auf grasbedecktem Weg fast ebenhin das äusserste, am südlichen Rand der Lichtung stehende Häuschen.

Hier biegt unsere Route um die Bergkante in den Wald ein, der das stark zergliederte Tobel der Valle di Gerra bis hinüber zu den Monti di S. Abbondio ausfüllt. Wiederum folgt eine Wegstrecke von grossartiger Wildheit. Mehrere kleine Runsen müssen zuerst überquert werden, bis der Weg über ein eisernes Brücklein in das steile, felsdurchsetzte Haupttobel dringt. Der schön angelegte Weg steigt nun stärker an, um später wieder in einigen Windungen abwärts zu führen. Nachdem wir eine letzte Runse überquert haben, gelangen wir, vorwiegend in leichtem Abstieg, zu den *Monti di S. Abbondio.*

Hier lohnt sich der kurze Abstecher auf die vorgelagerte Bergkuppe, die uns einen einzigartigen Ausblick über den Langensee vermittelt. Im Gegensatz zu anderen Monti, auf denen die Erschliessung durch Strasse oder Fahrwege zu einem Überhandnehmen der Ferienhäuser führt, hat dieses Alpdörfchen sein urtümliches Aussehen bewahrt.

Das typische Tessiner Dörfchen Vira im Gambarogno, am östlichen Ufer des Langensees.

Oberhalb des Dörfchens zweigt ein erst 1974 angelegter, bequemer Wanderweg ab, das letzte Teilstück der «Strada alta» des Gambarogno. Er überquert die Valle di S. Abbondio und die Valle di Niv, um die nahe an der Grenze gelegenen *Monti di Caviano* zu erreichen. Auf dem gepflasterten, steilen Alpweg steigen wir nach *Caviano* hinab. Über die Schlucht wechseln wir nach *S. Abbondio* (S. 130) hinüber, wo uns das zur *Station Ranzo-S. Abbondio* absteigende Strässchen aufnimmt.

Abstiege
a) Monti di Vairano–Vairano ▭ 35 Min.,–S. Nazzaro 🚌 ▭ 🚃 1 Std. 10 Min. (siehe Route 43).
b) Monti di Gerra–Gerra 🚌 ▭ 🚃 1 Std. 10 Min. (siehe Route 42).
c) Monti di S. Abbondio–S. Abbondio ▭ 50 Min.
d) Unterhalb Monti di Caviano–Scaiano–Dirinella ▭ 40 Min.

41 Gerra–Sant'Abbondio– Dirinella

Kurzer, genussreicher Spaziergang über dem Lago Maggiore.

Route	Höhe in m	Hinweg	Rückweg
Gerra 🚌 🚋 ⛴	204	–	1 Std. 35 Min.
S. Abbondio 🚋	331	50 Min.	55 Min.
Caviano 🚋	274	1 Std. 05 Min.	35 Min.
Scaiano 🚋	331	1 Std. 20 Min.	25 Min.
Dirinella/Grenze 🚋	199	1 Std. 35 Min.	–

Von der Station *Gerra* (S. 118) folgen wir in südwestlicher Richtung dem unterhalb der Bahnlinie verlaufenden Strässchen und benützen dann links die Bahnunterführung (Wegweiser). Ein Strässchen führt in einigen Kehren aufwärts. An dessen Ende setzen wir den Aufstieg auf einem Fussweg fort, der bald in den Wald eindringt. Am Rand der Lichtung von Torcetto aufsteigend, erreichen wir den höchsten Punkt der Wanderung. Nun zieht sich die Route fast ebenhin dem Hang entlang: eine reizvolle Wegpartie durch Kastanienwald, die beim Weiler Calgiano, einer Fraktion der Gemeinde S. Abbondio, endet. Bei der Casa Cappellina zweigen wir links ab. Unser Weg verläuft zwischen den Villen am oberen Dorfrand und dem Wald und führt zuletzt durch Weinberge auf die Strasse eingangs *S. Abbondio* (S. 130) hinab.
Ungehindert schweift der Blick von der Kirchterrasse über den See hinweg ans gegenüberliegende Ufer, zu den kleinen Bergnestern oberhalb Brissago, die sich an die Steilrippen des Gridone klammern. Blicken wir am diesseitigen Ufer seeabwärts, so ist es das Dörfchen Pino mit seiner einzigartigen Lage auf weit vorspringender Bergkanzel, das zu einem kurzen Abstecher nach dem italienischen Gebiet verlockt.
Vom Postplatz am Ende des Strässchens steigt der Weg in die wilde, düstere Schlucht der Valle di S. Abbondio hinab, überquert den Bach auf einer alten Steinbrücke und führt ebenhin durch Wald und Reben nach dem Dorf

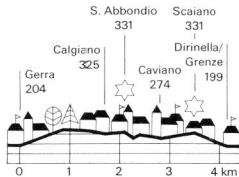

Caviano, das mit den Fraktionen Scaiano und Dirinella eine politische Gemeinde bildet. Nun folgen wir dem aufsteigenden Strässchen nach *Scaiano* (S. 130), der südlichsten, dicht über dem Grenztobel liegenden Siedlung auf Schweizer Gebiet. Am nördlichen Dorfeingang schlagen wir rechts den alten Saumweg ein, der steil und grobgepflastert dem Rande der Grenzschlucht entlang nach dem Grenzort *Dirinella* absteigt.

Abzweigung
S. Abbondio–Stat. Ranzo-S. Abbondio 🚌 20 Min.

42   Gerra–Sant'Anna–Indemini

Markierter Wanderweg vom Lago Maggiore über den S. Anna-Pass nach dem Bergnest Indemini, dem einzigen Schweizer Dorf im Veddascatal.

Route	Höhe in m	Hinweg	Rückweg
Gerra 🚌 🚋 ⛴	204	–	3 Std. 20 Min.
Monti di Gerra	793	1 Std. 50 Min.	2 Std. 10 Min.
Sant'Anna	1342	3 Std. 30 Min.	1 Std. 10 Min.
Indemini 🚌	979	4 Std. 15 Min.	–

Lassen wir unsere Wanderung bei der Haltestelle der Bahn in *Gerra* (S. 118) beginnen. Wir steigen zum Strässchen nach Ronco hinab. Nach der Bahnunterführung und dem Tobel der Valle di Gerra schlagen wir rechts den Treppenweg ein, der über einem Mäuerchen aufsteigt. Er schneidet zwei Kehren der Strasse, der wir bis zum rechts abzweigenden geteerten Strässchen folgen. Dieses steigt in zahlreichen Windungen empor, weist jedoch gute Abkürzungen auf. Zahlreiche Kirschbäume wachsen an den terrassierten Hängen. Beim Übergang vom offenen Gelände in den Wald stossen wir auf den breiten Alpweg, strada agricola genannt, der zu den Monti di Gerra

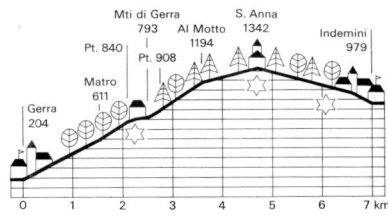

führt. Der Aufstieg auf diesem Wege ist sehr angenehm und nirgends steil. Bei einer Kurve betreten wir die neue Fahrstrasse zu den Monti. Nach wenigen Schritten verlassen wir sie und halten zum Einschnitt hinter der Kuppe von Matro hinauf. Bei der Kapelle (Wegweiser) wählen wir entweder den Pfad rechts oder den Saumweg links, der zweimal die Strasse kreuzt. Beide Varianten führen uns zu den *Monti di Gerra* hinauf. Dem breiten Weg folgend, queren wir leicht ansteigend die Wiesenhänge in nordöstlicher Richtung bis zur äussersten Häusergruppe. Beim Brunnen wenden wir uns auf schmalem Weg bergwärts. Ein modern eingerichtetes alpwirtschaftliches Gebäude steht wenige Meter vor dem Waldsaum, den wir beim eisernen Kreuz erreichen. Hier gabelt sich der Weg. Der Markierung gemäss halten wir rechts aufwärts. Am Wasserreservoir des Maiensässes vorbei windet sich der Weg durch steilen Buchenwald empor. Bei einem Brunnen gelangen wir auf den Bergrücken, der die Valle di Cedullo westlich begrenzt. Ihm folgen wir aufwärts bis zu einer deutlichen Verflachung, queren dann den Osthang zur Lichtung von Cortino. In leichtem Anstieg erreichen wir die markante Passlücke von *Sant'Anna* (S. 130).
Während sich die Telefonleitung durch das Tälchen der Crosa di S. Anna senkt, zieht sich der Weg dem linksseitigen Hang entlang; er biegt um eine scharfe Bergkante in die steinige, südexponierte, mit Ginster und Birken bestandene Mulde der Val Crosa ein. Hier öffnet sich der Blick in das italienische Val Veddasca mit den Dörfern Biegno und Curiglia. Zu unseren Füssen, im engen Tobel der Valle del Ri, verläuft die Landesgrenze. Nach einer längeren Querung stehen wir unvermittelt über dem Dächergewirr des Dorfes Indemini. Auf schmaler Hangterrasse drängen sich die Häuser zusammen. Zahlreiche Kehren führen uns zur Strasse am oberen Dorfende von *Indemini* (S. 119) hinab.

Nebenroute
a) S. Nazzaro 🚋 🚌 ⛴ –Vairano 🚌–
    M.ti di Vairano–A. Cedullo–S. Anna
    3 Std. 30 Min. (siehe Route 43).

Abzweigungen
b) S. Anna–M. Paglione 40 Min.
c) Pasturone (ob Indemini)–Alpe di Neggia 🚌
    1 Std. 10 Min.

Der Besenginster gilt in unserem Land als Symbol des Südens, bevorzugt er doch die milden Lagen des Tessins, wo man ihm auf sandigen, kalkarmen Böden in Weidegebieten, an Waldrändern und in lichten Laubwäldern (besonders Kastanienhainen) begegnet.

43

Alpe di Neggia–Monte Gambarogno–San Nazzaro

Aus einem kurzen Aufstieg und einem langen Abstieg besteht diese leichte Bergtour, die einen Aussichtspunkt über dem Lago Maggiore zum Ziel hat.

Route	Höhe in m	Hinweg	Rückweg
Alpe di Neggia 🚌	1395	–	5 Std. 20 Min.
Monte Gambarogno	1734	1 Std.	4 Std. 40 Min.
Alpe Cedullo	1287	1 Std. 50 Min.	3 Std. 15 Min.
Monti di Vairano	790	2 Std. 50 Min.	1 Std. 45 Min.
Vairano 🚌	392	3 Std. 25 Min.	35 Min.
S. Nazzaro 🚢 🚌 🚃	211	4 Std.	–

Von der *Alpe di Neggia* (1395 m) können wir den M. Gambarogno direkt über den in nordwestlicher Richtung aufsteigenden Rücken erreichen. Eine bequemere Route folgt dem zu einer Kehre in nördlicher Richtung ausholenden Fahrweg. Bei einem Wäldchen zweigt sie rechts ab, zieht sich schräg aufwärts, umrundet den nach Norden abfallenden Grat und nähert sich der dicht unter dem Gipfel stehenden ehemaligen UTOE-Hütte.
Wohl kann sich der *Monte Gambarogno* (1734 m) in bezug auf die Rundsicht nicht mit dem M. Tamaro messen; er übertrifft aber seinen höheren Nachbarn durch den überwältigenden Tiefblick auf den Lago Maggiore und auf den breiten Fächer des Maggiadeltas. Interessant ist auch der Einblick in die nördlichen Täler, in denen wir mehrere Ortschaften erkennen: Loco, an der Biegung des Onsernonetales, Someo, weit hinten im Maggiatal, Mergoscia und Vogorno, an den sonnigen Steilhängen der vorderen Verzascatales.
In nordwestlicher Richtung steigen wir zur Militärbaracke ab, die in einem Sattel direkt unter dem Gipfel liegt. Der weitere Abstieg führt durch den nach Westen abfallenden, mit hohem Farnkraut bewachsenen Hang. Der in weitausholenden Kehren angelegte Weg erlaubt uns ein bequemes Wandern. Jenseits des Bächleins nimmt uns ein herrlicher Waldweg auf, der in glei-

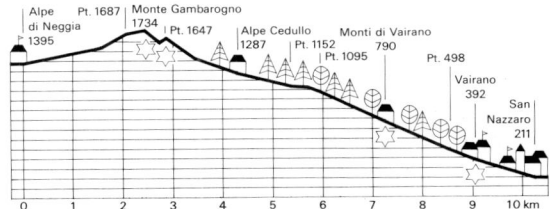

cher Richtung zur *Alpe Cedullo* führt. Den gelben Wegweiser und die Pfadspuren beachtend, biegen wir bei den Hütten scharf nach rechts ab. Auf kurzer Strecke ist die Route etwas verwildert, doch im weiteren Abstieg, der mit
einer langen Querung seeaufwärts zusammenfällt, erwarten uns reizvolle
Wegpartien im schattigen Buchenwald. Erst am Rande der Valle di Derbor
biegt der Weg nach Westen um und steigt in mehreren Kehren, einen markanten Felskopf (Pt. 934) links umgehend, zu den aussichtsreichen *Monti di
Vairano* (790 m) hinab. Hier kreuzen wir das Güterssträsschen und schlagen
wieder den Alpweg ein. Beim Sattel hinter dem Sasso di Grumo (Pt. 734) holt
er zu einem weiten Bogen nach Westen aus und führt durch Kastanienwald
steil abwärts nach *Vairano* (S. 133).
Beim Hotel Miralago, im unteren Dorfteil, betreten wir die Strasse nach Piazzogna, verlassen sie nach wenigen Schritten, um auf dem alten, mit Kopf-
steinpflaster belegten Saumweg nach *San Nazzaro* (S. 130) abzusteigen.

Abzweigungen
a) M. Gambarogno–Alpe Sambarsciolo–Monti di Piazzogna–
   Piazzogna 🚋 2 Std. 30 Min.
b) A. Cedullo–S. Anna 15 Min.,–Indemini 🚋 1 Std.

44 Alpe di Neggia–Monte Tamaro–Alpe Foppa

Der Monte Tamaro, ein hervorragender Aussichtspunkt, ist auf diesem Wege
in kurzer Zeit und bequem zu ersteigen.

Route	Höhe in m	Hinweg	Rückweg
Alpe di Neggia 🚋	1395	–	3 Std. 15 Min.
Monte Tamaro	1961	1 Std. 40 Min.	2 Std. 05 Min.
Motto Rotondo	1928	2 Std. 10 Min.	1 Std. 30 Min.
Alpe Foppa 🚠	1530	3 Std. 10 Min.	–

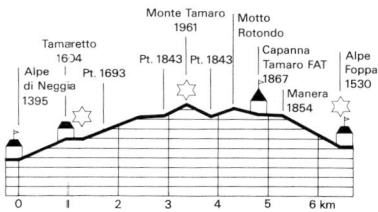

Die *Alpe di Neggia* (1395 m), auf der Einsattelung zwischen M. Tamaro und M. Gambarogno gelegen, ist Kulminationspunkt der 1917 erbauten Fahrstrasse von Vira nach Indemini. Diese überwindet in 35 Haarnadelkurven einen Höhenunterschied von 1186 m, eine Strecke, für die das Postauto eine gute Stunde benötigt.
Über den breiten Grasrücken wenden wir uns in südlicher Richtung dem Beginn des Tamaroweges zu. Hier werden im Spätherbst lange Netzreihen gespannt, welche die nach Indemini absteigende Strasse vor Schneeverwehungen schützen. In weiten Schleifen geht es durch Erlengebüsch zu den beiden Militärbaracken auf dem Tamaretto empor. Der anschliessende Sattel vermittelt einen interessanten Einblick ins Veddascatal mit der dorfartigen Maiensässe Idacca, Indemini und dem italienischen Biegno. Im weiteren Aufstieg hält sich der gut ausgebaute Weg stets in der Nordflanke des Berges, nähert sich aber öfters dem Grat. Vor 100 Jahren war der Tamaro fast völlig bewaldet; heute treffen wir von rund 1400 m an nur noch Erlen und Alpenrosengestrüpp. Von der markanten Rippe aus, die sich in nördlicher Richtung gegen den Poncione del Macello hinabzieht, klimmt ein steiler Zickzackpfad direkt zum Gipfel. Die Hauptroute dagegen quert fast ebenhin den felsdurchsetzten Hang über der Valle del Trodo und führt in die Lücke zwischen M. Tamaro und Motto Rotondo (Pt. 1843). Über den Ostgrat erreichen wir in kurzer Zeit den Gipfel des *Monte Tamaro* (1961 m).
Kaum ein anderer Gipfel des Tessins gestattet gleichzeitig einen Blick auf die drei Städte Lugano, Locarno und Bellinzona. Von der Ausmündung des Veddascatales erstreckt sich die Wasserfläche des mittleren Lago Maggiore bis zu den Borromäischen Inseln. Während die Berge des Sopraceneri als strenger, einheitlicher Wall aus der Magadinoebene ragen, deutet die Landschaft des Sottoceneri mit ihren freieren, aufgelösteren Formen, ihrem Wechsel von jäh abbrechenden Bergketten, freistehenden Kuppen und weicheren Hügelzügen auf ein allmähliches Ausklingen gegen die lombardische Ebene hin. Auch die Fernsicht ist einzigartig. Zur Rechten des allgegenwärtigen Monte Rosa zeichnet sich das Matterhorn als feines, schiefes Spitzchen ab, Finsteraarhorn und Schreckhorn stehen als markanteste Stöcke des Berner Oberlandes über dem Maggiadelta; links vom Motto Rotondo erkennen wir die Berninagruppe, hinter den Denti della Vecchia die Bergamasker Alpen, weit im Südwesten, einem Sägeblatt ähnlich, den Resegone, der sich über den östlichen Arm des Comersees erhebt.
Wir steigen zum Sattel (Pt. 1843) zurück. Unter einem Felsüberhang beginnt die leichte Gegensteigung zum *Motto Rotondo* (1928 m). Wir folgen dem Hauptweg in östlicher Richtung bis zur UTOE-Hütte (Pt. 1867). Das zu den Antennenanlagen der NATEL führende Werksträsschen hat sich auf die Wegverhältnisse auf der Nordseite des Tamaro ausgewirkt. Für den Abstieg

Wer bis in die abgelegenen Tessiner Dörfer vordringt, begegnet noch rustikalen Steinbauten und markanten Granittreppen wie hier im Val Bavona (Route 33).

wähler wir am besten den in östlicher Richtung zum Vorsprung der Manera (1854 m) führenden Weg. Dem nach Nordosten abfallenden Grat entlang führt nun die mit einigen gelben Tafeln gekennzeichnete Route zur Bergstation des Skilifts und zur *Alpe Foppa* hinunter. Sie ist seit 1972 durch eine Luftseilbahn mit Rivera verbunden und zu einem stadtnahen Skigebiet der Luganeser geworden.

Abstiege
a) M. Tamaro–Bassa di Indemini–A. di Montoia–M. Idacca ▭– Indemini ▭ 2 Std. 20 Min.
b) M. Tamaro–Bassa di Indemini–Alpe Agario–Forcella d'Arasio– Monte Lema ⚲–Miglieglia ▭ 4 Std. 50 Min. (Eine der schönsten Höhenwanderungen im Tessin. Siehe Wanderbuch Lugano.)
c) Alpe Foppa–Monte di Spina–Soresina–Rivera-Bironico ▭ 1 Std. 40 Min.

Alpe Campo la Torba
Ursprünglich gehörte dieses umfangreichste Weidegebiet des Maggiatales der
Gemeinde Brissago. Ein 400 Jahre währender Streit zwischen Airolo und Fusio um
den Besitz dieser Alp wurde erst 1974 vom Tessiner Staatsrat zugunsten der Gemeinde
Fusio entschieden.

Alpe Cravairola
Der zu Italien gehörende Talhintergrund der Rovana umfasst das Gebiet der ausge-
dehnten und ertragreichen Alp Cravairola. Nach mündlicher Überlieferung soll die
Gemeinde Campo die Alp durch ein Vermächtnis oder eine Erbschaft verloren haben.
Jedenfalls kann urkundlich belegt werden, dass dieses Gebiet schon im Mittelalter im
Besitze der Gemeinde Crodo im italienischen Val Antigorio war. Obschon den Campe-
sern zeitweilig das Weiderecht auf den unteren und mittleren Stäfeln zugesprochen
wurde, kam es öfters zu heftigen Auseinandersetzungen. Erst im Jahre 1874 wurde die
Zugehörigkeit der Alp Cravairola zu Italien durch ein internationales Schiedsgericht
endgültig festgelegt.

Arcegno
Aus den Urkunden geht hervor, dass im Mittelalter die Bischöfe von Como in Arcegno
landesherrliche Rechte besassen, mit denen sie die Edlen Muralto von Locarno und
Duno von Ascona 1257 und 1264 belehnten. Das zur Gemeinde Losone gehörende
Dörfchen erlitt infolge der Auswanderung einen starken Bevölkerungsrückgang. Das
im 17. Jh. erweiterte Kirchlein enthält ansprechende Malereien aus der Barockzeit. An
der N-Wand des Schiffes ist der Rest eines frühgotischen Freskos zu sehen, ein Kopf in
der Manier des Giotto (Mitte 14. Jh.).

Ascona
Als eine der ältesten Siedlungen am Lago Maggiore, wird Ascona im Jahre 754 erstmals erwähnt. Schon im 12. Jh. erhielt es durch Kaiser Friedrich das Marktrecht. Es soll
im Mittelalter eine wohlhabende Ortschaft gewesen sein, von drei festen Schlössern
umgeben. Vom Kastell San Materno, das auf der steilen Kuppe über dem Friedhof
stand, sind noch spärliche Reste zu sehen, u. a. ein Teil der einstigen Schlosskapelle
mit Fresken aus dem 12. Jh. Auch vom Kastell S. Michele, auf dem uferbeherrschenden
Felsen westlich von Ascona, sind nur wenige Mauerreste erhalten, und am Weg zum
Strandbad finden wir, in stark umgebautem Zustand, das 1250 errichtete Schloss der
Grillioni. Die drei Kastelle waren durch unterirdische, nunmehr verschüttete Gänge
miteinander verbunden.
Als Ort mit jahrhundertelanger künstlerischer Tradition, aus der berühmte Namen wie
Gaetano Matteo Pisoni, Erbauer der St.-Ursus-Kathedrale in Solothurn, und Giovanni
Serodine, bedeutendster Barockmaler des Tessins, hervorgingen, weist Ascona selbst
eine Anzahl hervorragender Baudenkmäler und Kunstwerke auf. Die zwischen 1399
und 1442 erbaute Kollegiatskirche Madonna della Misericordia, im Osten des Post-
platzes, enthält Fresken aus dem 15. und 16. Jh. Interessant ist der bildnerische
Schmuck im Chor, der aus zwei grossen Zyklen mit Geschichten aus dem Alten und
Neuen Testament besteht. Besondere Erwähnung verdient die 1519 datierte Bildtafel
am Choreingang, deren acht Teile die Verherrlichung der Maria zum Gegenstand

haben. Es ist ein Werk des angeblich am spanischen Hof tätig gewesenen Asconesen Antonius de Lagaia.

Madonna della Misericordia steht in engster Verbindung mit dem 1580 vom Asconeser Grosshändler Bartolomeo Papio gestifteten und 1585–1602 von Pellegrino de' Pellegrini im Auftrage Carlo Borromeos im Stil des mittelalterlichen Klosters errichteten Collegio Papio.

In der Pfarrkirche von Ascona, Sankt Peter und Paul, lernen wir den einheimischen Barockmaler Giovanni Serodine (1594–1632) kennen, der in Rom, wo er den grössten Teil seines Lebens verbrachte, von Caravaggio beeinflusst wurde. In der Kirche seines Heimatdorfes hat er drei bedeutende Bilder hinterlassen, welche die «Söhne des Zebedäus», «Die Jünger in Emmaus» und eine «Krönung Mariae» darstellen. Die Gewölbefresken in Sankt Peter und Paul entstanden 1770 und stammen von einem weiteren erfolgreichen Asconeser Künstler, dem in Bologna mehrmals preisgekrönten Pietro Francesco Pancaldi.

Die unter Denkmalschutz stehende Casa Borrani (ehemals Casa Serodine) an der Piazzetta neben der Pfarrkirche, besitzt nach J. R. Rahn «die schönste Fassade auf Schweizer Boden». Giovanni Battista Serodine, der Bruder des Malers, schuf 1620 den überaus anmutigen bildhauerischen Schmuck.

Bis in die neueste Zeit übte das ehemals so stille und verträumte Fischerdorf mit seiner malerischen Häuserfront über der Piazza am See, seinen dämmerigen Gassen, seinen verborgenen Höfen und lauschigen Osterien eine einzigartige Anziehungskraft auf die Welt der Künstler aus. Ernsthafte Musensöhne neben unsteten Bohémiens, zu denen sich mehr oder weniger verschrobene Propheten und Weltverbesserer gesellten, trafen sich, lebten und wirkten in Ascona. Heute ist der alte Marktflecken ein Rummelplatz des mondänen Tourismus; ein farbenfreudiges Menschengewimmel bewegt sich zur schönen Jahreszeit über den Platz, erfüllt die Hauptgasse und drängt sich in die Cafés und Bazare.

Aurigeno

Der Name dieser Ortschaft wurde schon mit der angeblichen Entdeckung von goldhaltigem Sand in den vom Garinapass abfliessenden Gewässern in Zusammenhang gebracht. Aurigeno ist Heimat des bekannten Bauernmalers Giovanni Antonio Vanoni (1810–1896), der hier zahlreiche Bildstöcklein ausgemalt hat. Die Pfarrkirche S. Bartolomeo, die mit dem Pfarrhaus, dem teilweise abgetragenen Beinhaus und dem Friedhof eine malerische Gruppe bildet, weist an der Nordseite romanisches Mauerwerk und Reste spätgotischer Fresken auf. die im Rokokostil ausgeführte reiche Ausmalung des Chrogewölbes stammt von G. A. Vanoni. Beachtlich ist auch der Marmoraltar aus dem 18. Jh.

Bignasco

Das am Zusammenfluss der Maggia und der Bavona gelegene Dorf wird bereits 1213 urkundlich als Bugnasco erwähnt. Im Jahre 1484, als die Walliser gegen Mailand zogen, entsandte Bignasco über 70 Mann zur Verteidigung der ins Ossolatal führenden Pässe. Um 1500 bildete es mit Cevio, Cavergno, Campo, Cerentino und Bosco die Rovana superiore, vermutlich ein selbständiger Verwaltungsbezirk. Während der eidgenössischen Herrschaft stellte Bignasco jeweils den Kanzler der Vogtei, wenn der

Landvogt ein Urner war. Sehenswert sind der alte Dorfteil mit den eng zusammenstehenden Häusern, die gewölbte Maggiabrücke und vor allem die eine knappe Stunde über dem Dorf liegende Madonna di Monte. Sie wurde 1512 in einzigartiger Lage erbaut und weist Malereien aus jener Zeit auf.

Borgnone
Wird urkundlich 1364 als Brugnono erwähnt und gehörte ursprünglich zur grossen Gemeinde Centovalli. 1838 wurde es zu einer eigenen Gemeinde, die auch die Dörfer Lionza, Costa und Càmedo umfasst. Die ebenfalls schon 1364 erwähnte Kirche S. Maria Assunta wurde mehrmals umgebaut. Der holzgeschnitzte Tabernakelaufbau über dem Hochaltar wurde 1640 von Bartolomeo Tiberino geschaffen. Die Sakristei wurde laut Inschrift 1691 durch die Stifter Giacomo und Guido Tondù von Lionza erbaut.

Bosco-Gurin
Es ist das höchstgelegene und zugleich das einzige deutschsprachige Dorf des Kantons Tessin. Nach einer Urkunde wurden im Jahre 1244 erstmals einige Alpen in dem Gebiet am Oberlauf der Rovana an Leute aus dem Pomat (Formazzatal) verpachtet. Diese Pomater waren Walser, d. h. deutschsprachige, vermutlich im 11. Jh. aus dem Wallis eingewanderte Bergbauern. Sie müssen in den folgenden Jahren über die Guriner Furgge gezogen sein, um im gepachteten Gebiet eine Dauersiedlung zu gründen, denn schon 1253 wurde in Gurin die erste Kirche geweiht. Nur im unteren Dorfteil finden wir noch das von den Walsern eingeführte typische Gotthardhaus, mit der bergseitig aufgemauerten Küche und der talauswärts angelagerten, aus einem Blockbau bestehenden Stube. Die Steinhäuser im Dorfzentrum entstanden erst nach den Lawinenkatastrophen im 18. Jh. Im Jahre 1938 wurde eines der typischen Walserhäuser im unteren Dorfteil als heimatkundliches Museum eingerichtet.
Die 1581 neu- oder umgebaute, im 17. Jh. barockisierte Pfarrkirche Hl. Jakobus und Christophorus enthält in der südl. Kapelle einen elegant geschnitzten Rokoko-Altaraufbau mit beachtlicher Madonnenstatue.
Der Winter ist in Bosco-Gurin ausserordentlich streng. Von Anfang November bis Ende Januar erhält das Dorf keine Sonne.

Brione s. M.
Das Dorf gehörte ehemals zur «Vicinia» Minusio–Brione–Mergoscia, wurde aber 1479 autonome Gemeinde. Seine Bewohner waren von alters her Weinbauern und Viehzüchter, welche im Sommer ihre Herden von den Maiensässen des Val Resa auf die Alpen Cardada und Bietri trieben. Einen weiteren Wohnsitz besass der Brionese im Gebiet von Minusio, wo er sich aufhielt, wenn im Piano die Maisernte stattfand. Die 1559 geweihte Kirche von Brione wurde 1868 erweitert; 1874 erhielt die Decke durch den bekannten Bauernmaler Vanoni aus Aurigeno eine frische Übermalung.

Brione (Verzasca)
Liegt am Zusammenfluss des Osolabaches mit der Verzasca. Während die Männer des Dorfes grösstenteils in den Granitbrüchen des Val d'Osola arbeiten, bewirtschaften die Frauen die spärlichen Wiesen und Äckerchen. Die Weinberge der Brionesen liegen am

Rande cer Magadinoebene, in Gordemo und Scalate. Mitten im Ort steht ein burgartiger, durch vier Ecktürme gekennzeichneter Bau aus der 2. Hälfte des 17. Jh. Es ist das Castello dei Marcacci, ehemaliger Landsitz einer herrschaftlichen Locarneser Familie, die vermutlich aus Brione stammt. Der mit einem mächtigen Kamin ausgestattete, von Stukkaturen und einem Deckengemälde verzierte Saal im Erdgeschoss dient heute als Wirtsstube. 1683 wurde auf den Fundamenten eines schon 1294 geweihten Gotteshauses die Kirche Santa Maria Assunta erbaut. Sie birgt wertvolle Reste von Malereien aus dem 14. und 15. Jh. An der Südwand im Innern begegnen wir der Anbetung der Könige, der Darstellung im Tempel, der Taufe Christi und dem Einzug in Jerusalem. Der Kunstführer zählt diese Fresken zu den bemerkenswertesten Malereien im Alpenraum, die der Schule des Giotto nahestehen. Aus derselben Zeit stammen die Fresken an der Aussenwand der Kirche; bemerkenswert ist die Kolossalfigur des heiligen Christophorus unter der Vorhalle.

Brissago

Auf dem schon zur Römerzeit bewohnten Schuttfächer des Wildbaches aus der Valle del Sacro Monte entstand das grosse, städtisch wirkende Dorf Brissago, das in der Geschichte der Tessiner Gemeinden eine Sonderstellung einnimmt. Während zwei Jahrhunderten, von 1307 bis 1521, war Brissago eine selbständige, nur vom Kaiser abhängige Republik. Selbst nach dem 1521 erfolgten freiwilligen Anschluss an die Eidgenossenschaft behielt der Ort einen grossen Teil seiner Privilegien, u. a. das Recht zu einer weitgehenden Selbstverwaltung.

Das moderne Brissago ist weltbekannt durch seine 1847 gegründete Tabakfabrik, in der u. a. die charakteristische Brissago-Zigarre hergestellt wird. Die Tabakindustrie war von italienischen Flüchtlingen im Tessin eingeführt worden und hatte bereits 1829 in Lugano Fuss gefasst.

Brissago brachte angesehene Künstler hervor, darunter den in Vercelli geborenen G. Antonio Bazzi, genannt Sodoma, Lehrer Raffaels und Pinturicchios, den im 16. Jh. lebenden Juwelier Altobello Piatti, Hoflieferant des Papstes, sowie den im Dienste des Herzogs Karl von Lothringen stehenden Maler und Architekten Giovanni Antonio Caldelli (1721–1791).

Die 1526–1610 im Renaissancestil erbaute Pfarrkirche von Brissago zeichnet sich vor allem durch den idyllischen Vorplatz mit seinen über 6 Jahrhunderten alten Zypressen aus. Von grösserer architektonischer Bedeutung ist jedoch die ausserhalb des Ortes, an der Strasse zur Grenze stehende Kirche Madonna del Ponte, eine der sehenswertesten Schöpfungen der lombardischen Renaissance in der Schweiz. Das 1528 erbaute Gotteshaus trägt über der Vierung eine achteckige, von einer Galerie mit zierlichem Säulenkranz umgebene Kuppel. Sehenswert ist das schöne Renaissanceportal von 1594. Sein vornehmes, fast städtisches Gepräge verdankt Brissago den zahlreichen schönen Bürgerhäusern. Besondere Erwähnung verdient der im 18. Jh. durch den einheimischen Giovanni Antonio Caldelli erbaute und ausgeschmückte Palazzo Baccalà mit seiner reichgegliederten, eine elegante fünfbogige Loggia aufweisenden Fassade.

Broglio

Das urkundlich 1397 als Brono erwähnte Dorf bildete vermutlich bis zu diesem Zeitpunkt mit Prato, Sornico, Peccia und Fusio eine einzige Gemeinde. Als Sehenswürdigkeit gilt die 1622 durch die Familie Orelli erbaute heutige Casa Pometta mit ihrem malerischen Arkadenhof. Die 1486 geweihte, später erweiterte Kirche S. Maria Lauretana weist an der Front ein verblichenes Christophorusfresko aus dem 15. Jh. auf. Broglio war Heimat des bekannten Tessiner Dichters Giuseppe Zoppi und des Historikers Eligio Pometta.

Càmedo
Diese weitaus grösste Fraktion der Gemeinde Borgnone verdankt ihre Bedeutung dem wenige Kilometer weiter taleinwärts liegenden Grenzübergang von Ponte Ribellasca. Als Grenzort war Càmedo noch um die Jahrhundertwende Endpunkt der Centovallistrasse und des täglichen Postwagenkurses von Locarno her.
Das Gemälde über dem Portal der aus unverputztem Bruchstein bestehenden Kirche S. Lorenzo stellt den Hl. Laurentius dar. Die Malereien im Chorgewölbe wurden 1862 von Giacomo Pedrazzi ausgeführt.

Campo (V. Maggia)
Seit über einem Jahrhundert ist das hochgelegene Tessinerdorf Campo durch menschlichen Unverstand einem unerbittlichen, wenn auch langsamen Untergang geweiht. Um die Mitte des letzten Jahrhunderts versuchte man durch künstliche Stauung der Rovana oberhalb Cimalmotto die Holzschwemme nach dem Maggiatal zu fördern. Die gewaltigen Wasserschwälle verursachten eine Verstärkung der Erosion. Schon 1858 erreichte die Hangunterspülung unter dem Dorf Campo ein Ausmass von 30 m. Die lockeren Schuttmassen gerieten in Bewegung, ein Teil der Terrasse sackte ab. Die Fraktion alla Chiesa wurde zerstört, sämtliche Gebäude in Campo erlitten Schaden. Unglücklicherweise ereignete sich im Jahre 1868 ein Felssturz an der gegenüberliegenden Talseite. Die abgestürzten Trümmer drängten die Rovana völlig an die Terrasse heran, das Zerstörungswerk wurde beschleunigt. Weitere Dorfteile mussten im Jahre 1897 aufgegeben werden. Die «Frana», d. h. der Abbruch der Terrasse gegen den Fluss, weist heute eine Breite von 800 m und eine Höhe von 150 m auf. Von 1892 bis 1950 wurde am Kirchturm eine Bewegung von vertikal 5,7 m und horizontal 23 m festgestellt. Als neueste Massnahme wird nun der Fluss umgeleitet und auf der Erdrutschseite ein 3,5 m hoher Damm errichtet, um eine weitere Erosion des Abhanges zu verhindern. Das Werk wird über 9 Millionen Franken kosten.
Die Campeser wanderten früher mit Vorliebe nach Deutschland und England aus, wo einige von ihnen als Kaufleute und Bankiers zu Reichtum und Ansehen gelangten. Zeugen dieser Vergangenheit sind die beiden Paläste der Pedrazzini, 18. Jh., einer Familie, die sich u. a. an der Ausbeutung mexikanischer Silberminen beteiligte. Beide Häuser weisen auf der Talseite grosse Fresken religiösen Inhaltes auf. Die Pfarrkirche S. Bernardo erfuhr 1748 eine reiche barocke Ausmalung durch G. M. Borgnis.

Cavergno
Zur Gemeinde Cavergno gehören mit Ausnahmen von San Carlo alle Weiler des Bavonatales. Deren Bewohner verbrachten jeweils den Winter in dem an der Talmündung gelegenen Hauptdorf, dessen Name auf «ca' d'inverno» (= Winterhaus) zurückgeht. Die spätbarocke Pfarrkirche S. Antonio di Padova enthält unter anderem einen klassizistischen Hochaltar mit beachtlichem Tabernakelaufbau und gute Stukkaturen (17. Jh.).

Cerentino

Die Gemeinde Cerentino besteht aus nicht weniger als elf grösseren und kleineren Siedlungskernen, die sich vermutlich aus den Niederlassungen einzelner Sippen entwickelten. Die bedeutendste Fraktion ist heute Corte di Sotto. Hier trennen sich die Strassen und Postautokurse nach Campo und Bosco-Gurin. In der etwas höher und abseits gelegenen Fraktion Chiesa scharen sich das Pfarrhaus, das Gemeinde- und Schulhaus um die schon 1464 erwähnte Kirche. An der Rückwand des Schiffes befinden sich probeweise abgedeckte gute Renaissancemalereien (1. Hälfte 16. Jh.). Von den übrigen Fraktionen besitzen die drei grössten und zugleich entlegensten, Collinasca, Corino und Camanoglio, eine eigene kleinere Kirche.

Cevio

Das Dorf ist seit 1403 Hauptort des Bezirks Valle Maggia. An der weiträumigen Piazza steht heute noch das Pretorio, das Haus, in dem die eidgenössischen Landvögte zu Gericht sassen. Ihre Wappen und Inschriften sind an der Fassade zu erkennen. Während ihrer zweijährigen Amtszeit residierten sie in dem östlich anschliessenden, durch einen barocken Torbogen zugänglichen Gebäude, der ehemaligen Casa Franzoni, heute Casa Respini. Die Franzoni, vermutlich aus Frankreich stammend und im 15. Jh. aus der Toscana eingewandert, waren während Jahrunderten die einflussreichste Familie des Maggiatales. Sie bekleideten fast ausschliesslich alle wichtigsten Ämter, welche zur Zeit der eidgenössischen Herrschaft den Einheimischen vorbehalten blieben, waren Vogtstatthalter, Kanzler, Dolmetscher und Milizhauptleute. In einem weiteren Haus der Franzoni im nördlichen Dorfteil ist das interessante Museo Valmaggese untergebracht.

Die Pfarrkirche San Giovanni Battista wurde 1587 auf einer kleinen Anhöhe erbaut. Am Ende des Portikus steht ein 1739 erbautes und 1741 ausgemaltes Beinhaus mit interessanten Fresken, einen Totentanz darstellend.

Cimalmotto

Nach einer Inschrift an der Aussenwand der Kirche wurde Cimalmotto erstmals im Jahre 985 besiedelt. Von sämtlichen Fraktionen der Gemeinde Campo zählt Cimalmotto die meisten Häuser. Aber auch hier konnte die Landflucht nicht aufgehalten werden. Nur während der Sommermonate herrscht ein reges Leben, wenn fast alle Häuser von Ferienleuten belegt sind. In Cimalmotto findet man noch das alte Maggiataler Blockhaus, eine Mischform zwischen alpiner und südländischer Bauart. Wie das bekannte Gotthardhaus besteht es aus einer steinernen Rauchküche und einem Holzblock, der die Wohnstube umfasst. Letztere ist jedoch der Küche turmartig aufgesetzt, was der im Tessinerhaus üblichen Raumordnung entspricht. Die Vorhalle der 1596 erbauten Kirche Sante Maria enthält eine sehenswerte «Kreuzigung» (1749) des in Craveggia geborenen G. M. Borgnis. Auch das Innere enthält gute Wandbilder aus dem 17. und 18. Jh.

Comologno

Die Gemeinde, die sich politisch erst anfangs des letzten Jahrhunderts von Crana löste, umfasst die Fraktionen Vocaglia, Corbella, Comologno und Spruga. Comologno erhielt sein besonderes, fast aristokratisches Gepräge durch die Familie Remonda, die im 17. Jh. nach Frankreich auswanderte, wo sie zu Reichtum und Ansehen gelangte. Carlo Francesco Remonda (1761–1847) war Brigade-General im Dienste Napoleons. In ihrem Heimatdorf waren die Remonda nicht nur finanzkräftige Förderer des 1768 erbauten neuen Onsernone-Saumweges, sondern hinterliessen in Comologno nicht weniger als vier herrschaftliche Häuser. Als vornehmster Bau gilt der turmgekrönte, 1770 errichtete Palazzo della Barca mit seiner kostbaren Innenausstattung. Unter der 1688–97 erbauten Pfarrkirche S. Giovanni Battista sind die malerisch am Steilhang angelegten Kreuzwegkapellen zu beachten, die 1952 neu ausgemalt wurden.

Corippo
Der Hang, an dem Corippo als typische Spornsiedlung erbaut wurde, ist so steil, dass man bei den meisten Häusern die über der Küche gelegenen Kammern ebenerdig betritt. Charakteristisch sind die offenen Giebelseiten und die weissumrandeten Fenster, welche, nach einem alten Volksglauben, das Eindringen von Mäusen und Gespenstern verhindern sollen. Einst war Corippo ein Zentrum der Leinenweberei. Noch 1890 waren 50 Personen in diesem Gewerbe tätig, das später durch die Einfuhr ausländischer Baumwollware einen raschen Niedergang erlebte. Corippo verzeichnete mit einem Rückgang der Einwohnerzahl um 78% innerhalb von 80 Jahren die wohl stärkste Entvölkerung aller Schweizer Gemeinden. In die Lombardei ausgewanderte Kaminfeger liessen das aus dem 17. Jh. stammende Kirchlein durch eine Spende im 18. Jh. erweitern.
Zum Europäischen Jahr für Denkmalpflege und Heimatschutz 1975 ist Corippo nebst drei andern Schweizer Ortschaften als «Réalisation exemplaire» ins Auge gefasst worden. Die Corippo-Stiftung, in der Bund, Kanton und Gemeinde vertreten sind, bemüht sich aber nicht nur um die Erhaltung des einmaligen, intakten Ortsbildes. Durch Verbesserung der Infrastruktur (z. B. Trinkwasserversorgung, Güterzusammenlegung) und der Erwerbsmöglichkeiten wird eine Wiederbelebung des heute noch rund 50 Einwohner zählenden Dorfes angestrebt.

Crana
Liegt auf dem Bergsporn zwischen dem Isorno und dem Ribo, der das Vergelettotal entwässert. Kirchlich wurde es erst 1787 von Russo getrennt. Die Pfarrkirche S. Pietro e Paolo wurde 1676 erbaut und 1886–1905 erweitert. Aus dieser Zeit stammt die reichstuckierte Fassade.

Foroglio
Im Dörfchen Foroglio, dessen Wahrzeichen der herrliche, über die Mündungsstufe des Calneggiatales herabstürzende Wasserfall ist, lohnt sich ein Besuch der 1783 datierten Kapelle S. Maria. Sie enthält ein wertvolles geschnitztes Flügelaltärchen aus dem Jahre 1553, Werk eines unbekannten deutschen Meisters.
1983 wurde in Foroglio eine Torba (Getreidespeicher) aus dem 15. Jh. mit Hilfe von Gemeinde und Kanton restauriert.

Frasco
Das zum Schutze gegen die Hochwasser auf einer Terrasse über dem linken Verzascaufer erbaute Dorf Frasco war in früheren Jahrhunderten ein Zentrum kleiner indu-

strieller Betriebe. An einem Zweigkanal der Verzasca gab es mehrere Mühlen, eine Säge und eine Flachsstampfe. Frasco besass das erste modern eingerichtete Gasthaus des Tales. Das Hotel Efra wurde in der Nähe der 15 m tiefen kesselartigen Schlucht erbaut, in die sich der Wildbach aus dem gleichnamigen Seitental in einem sehenswerten Wasserfall ergiesst. Ein Haus in der Nähe der Piazzetta della Torbora ist mit einem Fresko aus dem 15. Jh. geschmückt, eine «Madonna del latte» darstellend.

Fusio

Als oberstes Dorf des Lavizzaratales ist Fusio (1289 m) Ausgangspunkt früher öfters begangener Wege über den Passo di Naret, den Passo Sassello und den Passo di Campolungo nach dem Tessintal. Im Krieg von Giornico (1476) hielt ein Zane da Fusio, Kommandant der Valmaggeser Truppen, diese strategisch wichtigen Übergänge besetzt. 1799 zog eine Abteilung der russischen Armee durch das Dorf. Bei der Brücke steht noch heute das alte Gasthaus der Familie Dazio, vermutlich ein ehemaliges Zollgebäude. Die Wohnhäuser von Fusio, die sich am Steilhang über der Maggia um die Kirche scharen, tragen südländisches Gepräge; die Scheunen und Ställe im hintern Dorfteil sind jedoch aus Holz gebaut; dies zeigt, dass sich hier tessinische und innerschweizerische, über den Campolungopass eingedrungene Bauweise begegnen. Die 1667 umgebaute barocke Pfarrkirche Santa Maria weist eine reliefgeschnitzte Türe von 1669 auf. Säulen und Weihwasserbecken sind aus einheimischem Marmor.

Gerra (Gambarogno)

Liegt auf dem Delta des verbauten Wildbaches, der aus dem gleichnamigen Tälchen hervorbricht. Dieser trennt die beiden Fraktionen Riva und Scimiana, die sich beidseitig in die geschützten Seewinkel schmiegen. Die dritte Fraktion der Gemeinde Gerra, Ronco, klebt als Winzerdörfchen nahezu hundert Meter höher, am Hang des Monte Gambarogno. Dort befindet sich die Kapelle S. Bernardino, ein spätmittelalterlicher Rechteckbau, der gotische Fresken (1485, evtl. von Antonio da Tradate) enthält. Die als Delta abgelagerten Schuttmassen haben der Siedlung den Namen gegeben: Gerra = Kiesfläche. Von einer Wassersnot wurde das Dorf 1868 heimgesucht. An der Kirchenmauer ist der Wasserstand vom 3. Oktober jenes Jahres verzeichnet.

Golino

Das heute abseits des grossen Verkehrs gelegene, stille Dorf war früher ein wichtiger Umladeplatz am Ausgangspunkt des Saumweges nach dem Centovalli. Der harmonisch geschlossene Dorfplatz ist von stattlichen Bürgerhäusern aus dem 17. Jh. umgeben. Die Palazzi Modini und Pellanda weisen Arkadenhöfe auf. Am östlichen, freskengeschmückten Haus steht eine Granitbank mit zwei künstlerisch wertvollen Atlantenhalbfiguren, die an die Medici-Gräber von Michelangelo in Florenz erinnern. Die barocke Pfarrkirche San Giorgio, einst kirchliches Zentrum der Vicinanza von Intragna, enthält vier schöne Scagliola-Antependien (Altarverkleidungen) aus dem 18. Jh. und einen reichgeschnitzten Beichtstuhl aus dem 17. Jh.

Gordola

Im Mittelalter war Gordola Zollstation und Umladeplatz. Damals reichte der See bis in die Gegend der heutigen Fraktion Rongia, wo auch das schon 1219 als Burgo Gordolle

erwähnte Schloss stand. Die Pfarrkirche des heiligen Antonius 1894–96 von Ales-
sandro Ghezzi im klassizistischen Stil erbaut, enthält zwei wertvolle Tafelbilder: eine
Verspottung Christi und ein Ecce Homo, Kopien nach einem niederländischen Meister
des 17. Jh. Zahlreiche Bauten im alten Dorfteil weisen Freskenschmuck auf, Casa Bor-
radori und Casa Badasci zeichnen sich durch ihre ländlichen Portici aus.

Gresso
Durch seine günstige Lage über dem nord-südlich verlaufenden unteren Abschnitt des
Vergelettotales erhält das Dorf selbst im Winter 5 Stunden direktes Sonnenlicht.
Funde von Gräbern und Münzen aus der Römerzeit weisen auf eine frühe Besiedlung
hin. Urkundlich wird das Dorf erstmals 1266 als Agressio erwähnt. Es gehörte früher
zur Vicinanza Onsernone und zur Gemeinde Vergeletto, von der es sich 1882 trennte,
um zur jüngsten Gemeinde des Kantons Tessin zu werden. Während es aber damals
noch 300 Einwohner zählte, sind es heute nur noch rund 60. Aus Gresso stammte Eva-
risto Garbani-Nerini, Nationalrat und Präsident der Bundesversammlung.
Die 1730 neu erbaute Kirche S. Orsola enthält ein Altarbild der Hl. Ursula aus der Mitte
des 18. Jh.

Guriner Furka
Die Guriner Furka oder Passo di Bosco (2323 m) trägt als eiszeitlicher Transfluenzpass
deutliche Spuren der Überformung und Ausweitung durch den vom Pomat nach dem
Maggiatal vorstossenden Gletscher. Die Eisdecke erreichte hier eine Höhe von 2450 m
ü. M. Über die Guriner Furka zogen um die Mitte des 13. Jh. die Walser aus dem Pomat,
um sich in dem ehemaligen Alpgebiet der Gemeinde Losone niederzulassen und das
Dorf Bosco-Gurin zu gründen. Jahrhundertelang bestand zwischen den Walsern dies-
seits und jenseits der Furka ein reger Verkehr, der vor dem Ersten Weltkrieg praktisch
durch keine Grenzformalitäten gehindert wurde. Gegenseitige Besuche, besonders
bei kirchlichen Festlichkeiten, dienten dazu, die verwandtschaftlichen Beziehungen
wieder zu festigen. Eine gewisse Entfremdung trat ein, als im Zuge der Italianisierung
des Formazzatales unter faschistischem Regime der freie Verkehr über den Pass durch
Grenzsperren verunmöglicht wurde. Während den Napoleonischen Kriegen, im Jahre
1799, überschritt eine von den Franzosen im Pomat eingeschlossene österreichische
Brigade die Guriner Furka und wurde für eine Nacht in Bosco-Gurin einquartiert. Noch
lebhaft ist die Erinnerung an die 200 Partisanen, darunter auch einige Frauen und Kin-
der, die nach ihrer Niederlage bei Domodossola im Oktober 1944 über die Guriner
Furka in die Schweiz flüchteten.

Incella
In der Kapelle S. Sebastiano e Rocco findet man an der linken Chorwand einen Tabernakelaufbau aus dem 17. Jh., ein Meisterwerk barocker Schnitzkunst.

Indemini
Es ist die oberste und zugleich die einzige auf Schweizer Gebiet gelegene Gemeinde
des Veddascatales. Die schlechten Wegverbindungen nach dem italienischen Gebiet
und die politischen Verhältnisse zwangen früher die Indeminesen, hauptsächlich über
den S.-Anna-Pass mit den Seegemeinden Gerra und San Nazzaro zu verkehren. Erst in

den Jahren 1917–1920 wurde das 16,6 km lange Strässchen von Vira über den 1395
Meter hohen Passübergang von Corte di Neggia nach Indemini erbaut. Diese Vorkeh-
ren vermochten indessen die fortschreitende Entvölkerung nicht aufzuhalten. In den
holprigen, überaus engen Gassen von Indemini fehlt es nicht an malerischen Motiven.
Über steile Treppen und durch finstere Torbogen steigt man zum unteren Dorfteil hinab, wo an der Sonnseite der Häuser in originellen Holzlauben die Maiskolben zum Aus-
reifen hängen. Doch ein grosser Teil der rund 80 Wohnhäuser steht heute leer.
Während 1870 die Einwohnerzahl noch 441 betrug, lebten 1980 nur noch 60 Personen im Dorf. Vom Altbau der 1505 erwähnten Pfarrkirche S. Bartolomeo ist nur noch
der Chor erhalten; Langhaus, Querschiff und Vorhalle stammen aus dem 19. Jh. Seit
1974 besteht ein Dorfmuseum.

Intragna

Der Name Intragna (inter amnes = zwischen den Flüssen) deutet auf die Lage des Ortes
auf dem Sporn, der als Rest eines alten Talbodens zwischen den tief sich einschnei-
denden Flüssen Isorno und Melezza ausgespart wurde. Gräberfunde hinter dem Dorf
bezeugen, dass der Sporn schon zur Römerzeit besiedelt war.
Die 1722–1738 erbaute barocke Pfarrkirche San Gottardo enthält u. a. eine elegante
Rokokobalustrade vor dem Choreingang (1764), Renaissancestukkaturen am Chorbo-
gen und Chorgewölbe (Anfang 17. Jh.) und Fresken von Pietro Francesco Pancaldi
(1764), retouchiert von G. A. Orelli. Der Glockenturm, mit seinen 65 Metern der
höchste im Kanton Tessin, ist das weithin sichtbare Wahrzeichen des Pedemonte. Neben dem neuen Schulhaus steht die 1806 erbaute Casa Maggetti, mit ihrer fünfbogi-
gen Säulenloggia und drei zierlichen Balkonen eines der schönsten Bürgerhäuser des
Pedemonte. Die 116 m lange Brücke über den Isorno, die den Fluss in einer Höhe von
90 m überspannt, ist eine weitere Sehenswürdigkeit. Intragna, das mit der Luftseilbahn nach Pila und Costa auch eine moderne touristische Attraktion besitzt, ist Ausgangspunkt herrlicher Wanderungen ins Centovalli und Onsernonetal.
1962 konnte in Intragna mit einer Uhrensteinfabrik wieder ein kleiner Industriebetrieb
eröffnet werden.

Isole di Brissago

Als Kuppen eines steilen Unterwasserberges ragen die Isola Grande und der Isolino
knapp über die Wasserfläche des Langensees. Im 12. Jh. wurde auf dem Isolino eine
Kapelle des Heiligen Apollinarius erbaut, deren Ruinen heute noch zu sehen sind. 1214
erfolgte auf der Isola Grande die Gründung eines Klösterleins der Humiliaten, welches
bis ins 14. Jh. bestand. 1885 nahm sich die russische Gräfin Antoinette de St-Léger der
inzwischen vollständig verwahrlosten Inseln an, in der Absicht, die Wildnis in einen
gepflegten Inselpark zu verwandeln. Aus der ganzen Welt wurden auserwählte Exemplare seltener Pflanzen herbeigeschafft, welche im subtropischen Klima am Lago
Maggiore prächtig gediehen. 1927 sah sich die Gräfin gezwungen, den Besitz zu ver-
kaufen. Die Inseln wurden Eigentum des hamburgischen Grosskaufmanns Dr. Max
Emden, der sich den noch heute bestehenden Palazzo erbauen liess. Nach seinem Tod
im Jahre 1941 fiel das Inselgut nochmals der Verwilderung anheim, bis der Ankauf
durch den Kanton und die Erklärung der Inseln zum «Parco botanico del Cantone
Ticino» erfolgte. Die heutige Anlage, welche den Besucher sowohl durch ihren Arten-

reichtum wie auch durch die harmonische Gliederung der Baum- und Pflanzengruppen anspricht, ist das Werk von Prof. A. U. Däniker.

Lago di Naret
Er war der grösste der zahlreichen Quellseen der Maggia, welche in einer ausgedehnten, vom Gletscher überschliffenen Rundhöckerlandschaft eingebettet liegen. Im Zuge der zweiten Bauetappe der Maggiawerke wurde der Naretsee durch zwei Bogenmauern zu einem grösseren Speicherbecken aufgestaut (Inhalt 31,6 Mio m^3). Ein Stollen verbindet ihn mit dem Stausee Cavagnoli im oberen Bavonatal. Von dort wird das Wasser durch einen Druckschacht auf das unterirdische Kraftwerk Robiei geleitet.

Lago di Vogorno
Die Bogenstaumauer oberhalb Contra ist 220 m hoch und 380 m lang. Der Stausee erstreckt sich mit einer Länge von 6 km bis in die Gegend von Corippo. Die mit 3 vertikalachsigen Francis-Turbinen ausgerüstete unterirdische Zentrale nützt ein Gefälle von maximal 277 m aus. Die Energieproduktion beträgt 234 Millionen kWh. Eine Höherlegung der Strasse um rund 100 m wurde nötig.

Lago Sambuco
Der 3250 m lange und eine maximale Oberfläche von 1,112 km^2 aufweisende Stausee Sambuco dient als oberstes Speicherbecken der bis 1956 fertiggestellten Anlagen der Maggiawerke. Die Höhe der gewaltigen Bogengewichtsmauer beträgt 130 m, die Dicke am Mauerfuss 69 m, die Kronenlänge 363 m. Der Nutzinhalt des Stausees wird mit 63 Mio m^3 angegeben; dies entspricht einer Energiereserve von 63 Mio kWh. Ein 5340 m langer Druckstollen leitet das Wasser auf die Turbinen der Zentrale in Piano di Peccia.

Lago Sfundau
Die Sage berichtet von einem lieblichen Seelein inmitten einer blumenreichen Alp, das sich durch die Schuld des menschenfeindlichen, unflätigen Sennen Lodovico eines Tages in einen einzigen schwarzen Strudel verwandelte, sich tiefer und tiefer eingrub und die umliegenden Hänge zum Einsturz brachte. Lago Sfundau bedeutet in der Mundart des oberen Maggiatales «eingetiefter See».

Lago Tremorgio
Der in einem grossartigen, fast kreisrunden Felskessel eingebettete Bergsee verdankt möglicherweise seine Entstehung und beträchtliche Tiefe von 60 m der starken chemischen Erosion im anstehenden Dolomit- und Gipsgestein. Allerdings wies ein Wissenschaftler auch auf die Möglichkeit hin, dass die kraterförmige Vertiefung auf einen Meteoreinschlag zurückgehen könnte. Nach Lavizzari stammt der Name vom mundartlichen «tramoggio» (Trichter) und weist auf die Form des Beckens hin. Heute wird der Lago Tremorgio (Oberfläche = 34 ha) als Speicherbecken benützt und ein Teil seines Wassergehaltes wird dem Kraftwerk in Rodi zugeführt.

Lavertezzo
Die auf einer Flussterrasse an der Talseite liegende Fraktion Lavertezzo/Chiesa ist zum

eigentlichen Zentrum der Gemeinde geworden, obschon die höher gelegenen Hang-
siedlungen Sambugaro und Rancoi grösser sind. Unter der Herrschaft der eidgenössischen Landvögte wurden in Lavertezzo Gerichtssitzungen abgehalten. Noch im letzten
Jahrhundert versammelten sich hier bei kantonalen Wahlen und Abstimmungen die
Bürger des Tales, wobei die anwesenden Kandidaten mit währschaften Salamiwürsten
und anderen Geschenken unter den einfachen Leuten zu werben pflegten. Die Rebberge der hiesigen Bewohner befinden sich am Rande der Magadinoebene, bei
Bugaro, Montedato und Riazzino.
Das im 16. Jh. zur Pfarrkirche erhobene Gotteshaus S. Maria degli Angioli enthält u. a.
ein Gemälde des Hl. Antonius von Padua aus dem 2. Viertel des 18. Jh., ein Werk des
bekannten Künstlers Giuseppe Maria Borgnis aus Craveggia.

Linescio
Wird 1484 als Linazio erwähnt. In jenem Jahr, beim Einfall der Walliser ins Eschental,
wurde die «fraccia», ein wildes Felstobel bei Linescio, von den Leuten des Maggiatales
besetzt. Politisch gehörte das Dorf bis 1858 zu Cevio. Interessant ist die Aufteilung des
Dorfes in mehrere, deutlich getrennte Siedlungskerne. Diese haben sich vermutlich
aus den ursprünglichen Niederlassungen einzelner Sippen entwickelt.
Die Pfarrkirche enthält Werke des Malers G. A. Pedrazzini aus dem 19. Jh.

Lionza
Gleich hinter der Kirche erhebt sich, an der breiten Fassade mit Sgraffitodekorationen
und schmiedeisernen Fenstergittern erkennbar, der Palazzo Tondù. Ein Kaminfeger aus
Lionza soll im 17. Jh. im Kamin eines aristokratischen Hauses in Oberitalien den Tod
gefunden haben. Der Herr des Hauses nahm sich der zwei verwaisten Kaminfegerkna-
ben an und adoptierte sie. Als später die beiden Brüder Tondù ihr Dorf besuchten,
gefiel ihnen der Ort so gut, dass sie daselbst ein grosses Haus, «il Palazzo» genannt,
erbauen liessen.
Das zur Gemeinde Borgnone gehörende Lionza weist heute noch ein geschlossenes
Dorfbild mit einheitlicher Steinplattenbedachung auf.

Locarno
Mit seiner Lage an der Eingangspforte zu den Tälern der Melezza, der Maggia und der
Verzasca und als Umschlagplatz für den Güterverkehr über die Alpenpässe entwik-
kelte sich Locarno zum Marktzentrum und Hauptort eines grossen Einzugsgebietes.
Seit dem Jahre 998 findet man das «castrum» (Schloss) urkundlich erwähnt. Es wird
1156 von den Mailändern erobert und zerstört. In die nun folgende Zeit der erbitterten
Machtkämpfe zwischen den Herren von Mailand und Como fällt der Aufstieg kleinade-
liger Familien, wie die Muralti, Magoria und vor allem die Orelli. In der ersten Hälfte des
14. Jh. erlebt Norditalien den Siegeszug der Visconti, die sich 1340 der Stadt Locarno
bemächtigen. Unter Lucchino Visconti erfährt das ehemalige Schloss der Orelli seinen
gewaltigsten Ausbau. Nach einer vergeblichen Belagerung im Jahre 1503 erobern die
Eidgenossen 1512 die Stadt. Während der eidgenössischen Herrschaft, die bis 1798
dauert, ist Locarno Hauptort der gleichnamigen Landvogtei. Zur Reformationszeit treten zahlreiche Locarneser zum reformierten Glauben über, werden aber auf Betreiben
der sieben katholischen Orte zum Anhören der Messe gezwungen. Der Glaubenszwist

von Locarno bedroht ernsthaft den Frieden zwischen den herrschenden Kantonen. So ziehen im Jahre 1555, angeführt von Joh. Ludwig Orelli und Martino Muralto, 150 Personen über den Bernhardinpass nach Zürich, wo sie tatkräftig zum Aufblühen des Gewerbes in ihrer Wahlheimat beitragen.

In seiner Stadtanlage und seinen Bauten lässt Locarno noch heute unzählige Bilder aus seiner Vergangenheit vor dem Besucher erstehen. Da ist die geräumige, von einer stimmungsvollen Arkadenreihe flankierte Piazza Grande, wo einst an der Mündung eines ehemaligen Maggialaufes der Hafen von Locarno lag. Die aus der Zeit Lucchino Viscontis stammende Torre Comunale blickt über die laubengeschmückten Häuser auf die Piazza. Am westlichen Ausgang der Altstadt steht das Kastell. Lucchino Visconti erbaute es an Stelle einer früheren Anlage, Franchino Rusca vergrösserte und verschönerte es im 15. Jh. Während die eigentlichen Festungsbauten 1532 geschleift wurden, blieben der Palas und ein Nordwestturm erhalten. Der zierliche Säulengang im Schlosshof, das Madonnenfresko (Renaissance) im Treppenhaus und das archäologische Museum sind die hauptsächlichen Sehenswürdigkeiten.

Zahlreiche Kirchen gemahnen mit ihrer Ausschmückung an die grosse künstlerische Tradition der Stadt. San Francesco, die Kirche des ehemaligen Minoritenklosters, wirkt vor allem durch den Wohlklang ihrer inneren Raumverhältnisse. Am Beginn des Stationenweges zur Madonna del Sasso (Näheres über diese Kirche siehe S. 125) steht das 1502 geweihte Kirchlein Madonna dell'Annunziata. Es birgt die Grabplatte des Bruders Bartolomeo da Ivrea und ein 1522 datiertes Renaissancefresko der thronenden Madonna aus dem Umkreis des Bramantino.

Die Kirche S. Maria Assunta oder Chiesa Nuova an der Via Cittadella (geweiht 1636) birgt eine der reichsten Stuckdekorationen des Frühbarocks im Tessin. In der Gemeinde Muralto steht die ehemalige Hauptkirche San Vittore, deren romanischer Kern aus dem 12. Jh. stammt. Besonders ansprechend ist die dreischiffige, durch Säulen, die mit romanischen Kapitellen geschmückt sind, unterteilte Krypta. Ein Frührenaissance-Relief an der Südwand des Glockenturms stellt den Stadtpatron von Locarno, den hl. Viktor, dar.

Unter den Bürgerbauten Locarnos ragt die Ende 16. Jh. unter der Landschreiberfamilie Lussy in Schlossnähe erbaute Casorella (ehemalige Casa Orelli) hervor. Kunstvolle Stukkoarbeiten zieren die kleine Loggia über der Freitreppe. Der Palazzo Governativo an der Piazza Grande war zeitweise Sitz der Tessiner Regierung, während im Justizpalast in der Via della Pace vom 5. bis 16. Oktober 1925 die berühmte Friedenskonferenz stattfand, die zum Pakt von Locarno führte.

Die landschaftliche Schönheit seiner Umgebung, die herrliche Lage am See, die ausserordentliche Milde seines Klimas machten aus dem uralten Borgo einen der beliebtesten Kur- und Ferienorte der Schweiz. Von dieser Entwicklung zeugen nicht nur die zahlreichen Hotels, Pensionen, Ferienhäuser und Erholungsheime, sondern auch die ergänzenden vielfältigen Betriebe, die Cafés und Kaufläden unter den Arkaden, der Kursaal, die Stand- und Luftseilbahnen nach Madonna del Sasso – Cardada – Cimetta, das moderne Strandbad, Tennis- und Golfplätze. Alljährlich findet im Juli das Internationale Filmfestival statt. In wohlgepflegten Gärten und Parkanlagen kann sich der Gast von Locarno an einer einzigartigen Fülle subtropischer Vegetation erfreuen, während ihn anderntags die Bahn, das Postauto und vor allem die eigenen Füsse die Schönheit einer rauhen, wilden Berglandschaft erleben lassen.

Loco

Das Dorf liegt auf einer schmalen, mit Grundmoräne bedeckten Hangterrasse, die sich als Überrest eines ehemaligen Talbodens bis nach Spruga hinauf verfolgen lässt. Im Mittelalter war Loco Hauptort des um das Jahr 1000 gegründeten grossen Comune di Onsernone, später Comune Grande genannt, dessen Hauptorgane, der Congresso und die Vicinanza generale, jeweils bei der Kirche San Remigio tagten. Loco war auch ein bedeutendes Zentrum der Strohflechterei (siehe S. 135). Sogar an Feiertagen wurde bei der Kirche ein Strohwarenmarkt abgehalten, was im Jahre 1597 den hiesigen Pfarrer veranlasste, sich beim Bischof von Como über das profane Treiben zu beklagen. Besonders zahlreich ist in Loco die Familie Schira vertreten: von einem Zweig dieses Geschlechtes soll der bekannte amerikanische Kosmonaut Walter M. Schirra abstammen. In Loco befindet sich das Museo Onsernonese. Die 1506 erbaute Pfarrkirche San Remigio enthält wertvolles Kunstgut: eine 1835 datierte Holzstatue der hl. Barbara, ein Werk des einheimischen Meisters Giacomo Schira, und vor allem die von Emigranten gestifteten kostbaren Messgewänder.

Lòdano

Wird urkundlich 1260 als Lodino erwähnt. Im 15. Jh. bildete es zusammen mit Moghegno eine eigene Vicinanza. Auf der rechten Talseite, abseits vom Hauptverkehr gelegen, weist diese Ortschaft einen starken Bevölkerungsrückgang auf. Noch in der ersten Hälfte des letzten Jahrhunderts zählte sie 500 Einwohner – heute sind es noch rund 100, wovon die meisten in Locarno arbeiten und erst am Abend heimkehren. Vom alten, schon 1281 erwähnten Gotteshaus kam 1957, bei der Renovation der heutigen Pfarrkirche S. Lorenzo, die Apsis zum Vorschein.

Losone

Das am westlichen Rande des Pedemonte gelegene Dorf besteht aus den drei nach ihren Kirchen benannten Fraktionen San Lorenzo, San Rocco und San Giorgio. Im Mittelalter war Losone Feudalbesitz der Orelli, welche hier auch späterhin zahlreiche Güter ihr Eigentum nannten. Herrschaftliche Häuser mit malerischen Höfen und von Pfeilern getragenen Bogengängen geben dem Dorf seinen ländlich-vornehmen Charakter. Bemerkenswerte spätgotische Malereien aus dem Anfang des 16. Jh. sind im tonnengewölbten alten Chor der 1799 umgebauten Kirche San Giorgio gut erhalten; sie stellen u. a. einen Christus in der Mandorla, eine Kreuzigung, St. Georg und Viktor, Jeremias und König David und die Evangelistensymbole dar. Am Fusse des bewaldeten Berghanges besitzt Losone eine Anzahl vorzüglicher, vielbesuchter Grotten.

Madonna della Segna

Auf der Passhöhe zwischen Centovalli und Valle Onsernone steht das Kirchlein der Madonna della Segna (1166 m), dessen Ursprung im 15. Jh. zu suchen ist. Früher trafen sich hier alljährlich am ersten Julisonntag die Bewohner der beiden benachbarten Täler zu einer schlichten Feier. Durch das Seitenfenster fällt der Blick auf eine Freske des 15. Jh., die «Vergine miracolosa» darstellend.

Madonna del Ponte

Die frühbarocke Wallfahrtskirche im Weiler Rovana bei Cevio wurde 1615 erbaut. Die triumphbogenartige Vorhalle stammt von 1675. Das Innere dieses Gotteshauses zeichnet sich durch den Reichtum und die Vortrefflichkeit seiner Stukkaturen und Malereien aus. Nahezu siebzig Bilder stellen das Leben Marias und der Heiligen dar. In den beiden gegenständigen Seitenkapellen befinden sich Nischenaltäre mit den Figuren des Hl. Joseph (1701) und Antonius von Padua (1714).

Madonna del Sacro Monte
Im gleichnamigen Tobel liess der Kaufmann Antonio Francesco Branca 1767 diese Barockkirche erbauen. Er soll hauptsächlich mit Russland Handel getrieben haben, was ihm den Übernamen «der Moskowiter» eintrug. Nach Brissago zurückgekehrt, liess er sich das schönste Haus des Ortes, den späteren Palazzo Baccalà, erbauen. Das Innere der Kirche Sacro Monte enthält unter anderem Heiligenbilder aus dem 18. Jh., dem Maler Joseph Anton Felix Orelli zugeschrieben.

Madonna del Sasso
Die Gründung dieses Gotteshauses, das als Wahrzeichen Locarnos gilt, geht auf den Bruder Bartolomeo da Ivrea zurück, dem die Muttergottes im Jahre 1480 auf dem Felsen (Sasso) erschien. An Stelle der ursprünglichen Kapelle entstand im Laufe des 16. Jh. die heutige Wallfahrtskirche. Madonna del Sasso birgt einige Kunstwerke von unbestreitbarem Wert. In der Seitenkapelle rechts neben dem Chor die «Flucht nach Ägypten» des Bartolomeo Suardi, genannt Bramantino (16. Jh.). Vorzüglicher Renaissance-Altar mit geschnitzter Beweinungsgruppe vor gemaltem Hintergrund (Ende 15. Jh.). «Grabtragung Christi» von Antonio Ciseri (1869–1871).

Menzonio
Das auf einer sanft abfallenden Terrasse gelegene Dorf hat seinen ursprünglichen Charakter weitgehend bewahrt. Unter den knapp über 100 Einwohnern sind hier die Einheimischen noch deutlich in der Mehrzahl. Um der Entvölkerung entgegenzuwirken, hat z. B. die Kirchgemeinde beschlossen, Bauland nur an junge Leute aus dem Dorf abzutreten. Die 1505 erbaute Pfarrkirche SS. Giacomo e Filippo enthält in der südlichen Kapelle gute Stukkaturen und Bildfelder (17. Jh.).

Mergoscia
Hoch über dem Verzascasee gelegen, befindet sich Mergoscia im geographischen Zentrum des Kantons. Die vier Fraktionen Rivapiana, Benitti, Lissoi und Busada erfreuen sich einer klimatisch bevorzugten Spalierlage. Hier finden wir auch die höchsten Reben des Verzascatales. Vor dem Bau der alten Strasse war Mergoscia von Locarno her nur über die Monti di Lego zugänglich. Der Mangel an Wegverbindungen mit den andern Verzascadörfern bewirkte eine vom übrigen Tal gesonderte Entwicklung. Wirtschaftlich war Mergoscia seit jeher stärker mit Locarno verbunden. Es ist das einzige Dorf des Verzascatales, das keine Tochtersiedlung im Piano di Magadino besitzt. Die am Ende der Fahrstrasse gelegene, im 16. und 17. Jh. umgebaute Pfarrkirche S. Gottardo wird schon 1338 erwähnt. An der rechten Wand des Schiffes findet man eine bemerkenswerte Freske aus dem 15. Jh. Dieses Werk eines unbekannten, der bäuerlichen Tradition fernstehenden Künstlers stellt die Muttergottes mit Kind, flankiert von den Heiligen Antonius und Ambrosius, dar.

Moghegno
Auf eine frühe Besiedlung der Gegend weist der Fund einer neolithischen Axt hin. Viele Männer aus dem 1296 erstmals erwähnten Dorf arbeiteten als Lastenträger im Hafen von Genua. Nach Kalifornien ausgewanderte Leute von Moghegno bildeten in Salinas eine Kolonie, die mit 250 Personen die gleiche Einwohnerzahl wie die Heimatgemeinde aufwies. Einige ihrer Familiennamen findet man in den Romanen von John Steinbeck.
Die 1591 erbaute Kirche birgt kostbare Messgewänder aus dem 18. Jh. Sie sollen einst von einem Kardinal einem hiesigen Auswanderer geschenkt worden sein.

Mogno
Bildete früher eine selbständige Gemeinde und kam erst im 19. Jh. zu Peccia. Am 10. Januar 1667 wurde das Dorf von einer Lawine fast vollständig zerstört, wobei 33 Personen ums Leben kamen.
Gestrickte Holzhäuser und auf Mäusersteinen ruhende Stadel erinnern hier stark an die Bauart der Walser.

Monte Verità
Erhielt seinen Namen (= Berg der Wahrheit) und wurde berühmt durch seine ersten Besiedler. Eine kleine Zahl Männer und Frauen, der Zivilisation überdrüssig, gründete hier eine Kolonie, die sich einer einfachen, naturverbundenen und dazu schöngeistigen, materiellen Gütern abholden Lebensweise verschrieb. Namhafte Künstler und Gelehrte gesellten sich zu ihnen, aber auch Sonderlinge und Schwärmer aller Art, die dem Ruf der Kolonie schadeten. Eine neue Zeit begann für den Monte Verità mit dem 1930 erfolgten Bau eines modernen Hotels. Dessen Schöpfer, Baron Eduard von der Heydt, liess die Innenräume mit den besten exotischen, mittelalterlichen und modernen Kunstwerken seiner berühmten Sammlung schmücken. Im Jahre 1956 vermachte er den Monte Verità mit allen dazugehörigen Liegenschaften dem Kanton Tessin.

Monti di Ditto
Ditto ist eine uralte Siedlung aus der Zeit, da die Magadinoebene ein einziges grosses Sumofgebiet war. Hier oben suchten die Bewohner von Cugnasco Zuflucht vor den alljährlich wiederkehrenden Überschwemmungen und Fieberseuchen. Das Kirchlein San Martino, im 12. oder 13. Jh. auf einem Felsvorsprung erbaut, war einst Pfarrkirche von Cugnasco. Die Apsis und die Osthälfte des Schiffes weisen gut erhaltene Fresken aus der zweiten Hälfte des 15. Jh. auf: einen thronenden Christus in der Mandorla, Evargelisten mit ihren Symbolen, das Heilige Abendmahl, die Verkündigung, Votivbilder von Heiligen. Der Wandschmuck im später angebauten westlichen Teil des Schiffes stammt aus dem Jahre 1603.

Mosogno
Heimat der Familie Rima, aus welcher angesehene Männer hervorgingen: Tomaso Rima (gest. 1771), Finanzmann am Hofe der Kaiserin Maria Theresia und kaiserlicher Statthalter in den Niederlanden, T. Antonio Rima, Chefarzt der italienischen Spitäler unter Napoleon I., später Professor für Chirurgie in Mailand und Leiter des Spitals in Venedig.

Die Pfarrkirche S. Bernardo, deren Grundbestand auf die Jahre 1597–1626 zurückgeht, wurde 1817 vergrössert. Der Hochaltar aus Marmor mit guten Silberbüsten und Silberkandelabern stammt aus der Mitte des 18. Jh. Von den Bürgerhäusern zeichnet sich die westlich der Kirche gelegene Casa Grassi durch die elegante Gliederung mit Loggienfassade und Balkonen aus.

Mosogno di Sotto
Über dem Hauptaltar der aus dem 17. Jh. stammenden Kirche der Addolorata steht ein 1691 datiertes Kolossalgemälde des französischen Barockmalers P. Bergaine. Es stellt eine stimmungsvolle Kreuzabnahme dar.

Orselina
Das uralte Winzerdorf Orselina bestand ehemals aus zwei Teilen: Orselina superiore war die ursprüngliche Siedlung am Berghang. Orselina inferiore (heute Muralto), wurde erst später von Zuwanderern besiedelt. Seiner einzigartigen Höhenlage verdankt Orselina die Entwicklung zum vielbesuchten Kurort. Die Pfarrkirche S. Bernardo wurde 1591 erbaut und im 18. Jh. renoviert. (Siehe auch: Madonna del Sasso.)

Palagnedra
Palagnedra (657 m) ist die grösste Siedlung auf der Schattseite des Centovalli. Der herrschaftliche Charakter seiner Häuser, worunter sich richtige kleine «palazzi» befinden, deutet auf eine grosse Vergangenheit. Palagnedreser Emigranten brachten es am Hof der Medicäer in Florenz zu einigem Ansehen.
Die Kirche San Michele steht, von der Siedlung getrennt, weit sichtbar auf einem Vorsprung der Hochterrasse. Der heutige Bau stammt aus dem Jahre 1666. Von der vermutlich 1237 gegründeten Vorgängerin wurde das Chor als Sakristei stehengelassen. Sie birgt heute noch besonders wertvolles Kunstgut, spätgotische Wand- und Deckenfresken. Dargestellt sind u. a. ein thronender Heiland in der Mandorla, die Evangelisten mit ihren emblematischen Tieren, die Kirchenväter, der Erzengel Michael mit Schwert und Seelenwaage, Christus in Gethsemane, eine Kreuztragung. Unter den rundbogigen Arkaden der Nord- und Südwand stehen die Apostel in Lebensgrösse. Diese Fresken, die um 1480 entstanden, werden dem Lombarden Antonio da Tradate zugeschrieben.

Passo Campolungo
Über den Campolungopass und über den nordöstlich anschliessenden Vanitpass zieht sich eine auffallend helle, an Kristallagerstätten reiche Dolomitzone. Zwischen den beiden Pässen lässt dieses triasische Gestein eine deutliche Faltung erkennen. Der Passo Campolungo wurde in früheren Jahrhunderten öfters von Saumtieren überschritten. Als in den Jahren 1950–1955 die Sambuco-Talsperre erbaut wurde, führte eine Seilbahn den für die Staumauer benötigten Zement in Kübeln von der Gotthardlinie über den Campolungo direkt zur Baustelle.

Passo della Garina
Über diese 1076 m hohe Senke zwischen Onsernone- und Maggiatal stiess zur Eiszeit ein Arm des Maggiagletschers nach Süden vor, wobei der Gipfel des Salmone nur

knapp über die mächtige Eisdecke ragte. Die beiden Bäche, die von dieser Wasserscheide nach dem Isorno und nach der Maggia abfliessen, sollen goldhaltigen Sand führen; darauf deuten vielleicht die Namen der Dörfer Aurigeno und Auressio.

Peccia

Das an der Einmündung des gleichnamigen Tales ins Val Lavizzara gelegene Dorf war früher wegen seines Lavezsteines und seines Käses bekannt. 1834 wurde es von einer Überschwemmung heimgesucht, die zwei Drittel der Häuser zerstörte.
Die ins Mittelalter zurückreichende Pfarrkirche stammt in ihrer heutigen Form aus dem 17. Jh. Über dem Hochaltar erhebt sich ein prachtvoller Holzaufbau in Form eines Tempels (2. Hälfte 17. Jh.).

Peccia: **Marmorbruch**

Der Marmor von Peccia liegt auf der westlichen Talseite offen zu Tage. Eine 100–300 m mächtige Zone von Kalkgesteinen aus der Triaszeit durchquert hier das Tal. Während der Alpenfaltung wurde sie von kristallinen Gneismassen umfasst, steilgestell und durch die Wirkung des Druckes und der Erwärmung zu reinen Marmoren kristallisiert. Es liegen sowohl reine Kalkmarmore vor, deren gleichmässige Farbe von Gelblichweiss bis Dunkelblau variiert, wie auch Silikatmarmore, die eine dekorative Zeichnung aufweisen. Durch ihre homogene Färbung liefern erstere ein vorzügliches Bildhauermaterial, während die andern eine vielseitige Verwendung als Dekorationssteine finden. Gegenwärtig ist allerdings der Betrieb in den Marmorbrüchen stillgelegt.

Piazzogna

Wird 1258 erstmals als Plazonia erwähnt. Das Dorf, seit 1803 eine selbständige politische Gemeinde, gehörte im Mittelalter zur Vicinanza Gambarogno. Die 1775 erbaute Pfarrkirche S. Antonio Abate enthält Gemälde aus dem 17. Jh., u. a. eine 1608 datierte thronende Muttergottes und Hl. Antonius Eremita und Rochus in ländlicher Renaissance.

Piodina

Der Name Piodina ist von pioda (= Steinplatte) abgeleitet. Die Häuser weisen hier noch eine einheitliche Steinplattenbedachung auf. Sehenswert ist Casa Borrani, ein herrschaftlich anmutender Barockbau von einfachen architektonischen Linien. Die Rebberge, die den Weiler umgeben, wurden schon öfters vom Hagelschlag arg verwüstet.

Ponte Brolla

Am Eingangstor des Maggiatales gelegen, war es seit jeher ein beliebtes Ausflugsziel, von den Feinschmeckern seiner Grotti wegen gerne aufgesucht. Die im Anschluss an die Eiszeit durch eine Moräne abgedrängte Maggia zwängt sich hier durch eine sehenswerte, auf schmalem Weglein begehbare Schlucht, den Orrido di Ponte Brolla.

Prato (V. Maggia)

Bildete früher zusammen mit den übrigen Dörfern des Tales eine politische Einheit, die Vicinanza Lavizzara. 1864 wurde Prato mit dem Nachbardorf Sornico zu einer Gemeinde vereinigt. Die Pfarrkirche S. S. Sebastiano e Rocco wurde 1761 neu erbaut.

Das ehemalige Wohnhaus der später nach Deutschland ausgewanderten Familie Berna, heute Casa Mignami, ist in der Mitte des Dorfes zu sehen. Es fällt vor allem durch den reichhaltigen Balkon im Stile des 17. Jh. auf.

Presa
Der verlassene, in der Waldeinsamkeit gelegene Weiler befindet sich etwas oberhalb S. Carlo (V. Bavona), nahe am Cristallinaweg. Aus den Ruinen ragt noch unversehrt die Kapelle hervor, ein kleines quadratisches Gehäuse mit Vorhalle und Holzgitter. Die sehenswerten spätgotischen Fresken im Innern stammen aus dem Jahr 1524. Sie werden einem einheimischen Künstler zugeschrieben.

Rasa
Die älteste Urkunde über das Dorf stammt aus dem Jahr 1580. Die damalige Siedlung stand jedoch auf der heutigen Terra Vecchia, in tieferer und windgeschützter Lage. Seit dem Jahr 1631 besassen die Bewohner von Rasa das Monopol als Lastenträger am hafen und Zollamt von Livorno.
Bereits 1644 erfolgte die kirchliche Trennung von Palagnedra. Zu dieser Zeit entstanden weitere Fraktionen: Proggia, Monti, Ovich, Digessio (das heutige Rasa). 1746 wohnten nur noch wenige Familien auf Terra Vecchia; man beschloss, die neue Kirche Sta. Anna in Digessio zu erbauen. Die Einweihung fand 1753 statt. Nachdem 1847 Grossherzog Leopold III. unter dem Druck nationalistischer Kräfte den Männern von Rasa das Monopol als Lastenträger in Livorno entzogen hatte, verlor das Dorf in den folgenden sechzig Jahren die Hälfte seiner Bevölkerungszahl. Seit 1972 gehört Rasa (1970: 11 Einwohner) zur Gemeinde Intragna. Kein einziges schulpflichtiges Kind wohnt noch im Dorf, die Schule ist seit Jahren geschlossen. Seit 1957 stellt eine Luftseilbahn die Verbindung mit der Station Verdasio der Centovallibahn her.

Ronchi (Aurigeno)
Die Kapelle S. Antonio Abate weist eine spätgotische Ausmalung mit Schutzmantelmadonna auf. Laut Signatur wurde sie von einem Petrus de Ramel (Ramelli) ausgeführt (Ende 15. Jh.).

Ronco s. A.
Das von Künstlern umschwärmte und von Dichtern besungene Bergnest am sonnigen Steilhang über dem Lago Maggiore ist eines der beliebtesten Ausflugsziele der Südschweiz. Die terrassenförmig angelegten Weinberge, die das Dorf umgeben, liefern einen vorzüglichen Nostrano. In früheren Jahrhunderten wanderten zahlreiche Roncheser nach der Toscana aus, wo sie im Dienste der Grossherzöge in Florenz, Pistoia und Livorno staatliche Stellen im Zolldienst versahen.
Ronco ist die Heimat des berühmten Malers Antonio Ciseri (1821–1891). Schon als zehnjähriger Knabe kam Ciseri nach Florenz, wo er später eine eigene Kunstschule gründen sollte. Das Geburtshaus des Künstlers steht an der kleinen Piazza bei der Kirche, wo auch eine kurze Inschrift an dessen Wirken erinnert. In der schon 1498 erwähnten, Ende 17. Jh. und Anfang 19. Jh. umgebauten Pfarrkirche befindet sich Ciseris Hochaltarbild, den Heiligen Martin als Kirchenfürst im Gebet darstellend. An den Chorwänden sind spätgotische Fresken zu sehen, signiert 1492 von Antonio

Tradate. Die Freske über dem Taufstein stammt von dem in Ronco ansässig gewesenen Prof. Richard Seewald.
Die an der Piazza gelegene Kapelle S. Maria delle Grazie, ein Barockbau aus dem Jahr 1712, enthält in der Chorkuppel Fresken von Giuseppe Antonio Felice Orelli. Der Marmoraltar stammt von 1767.
Die schmalen Gässchen des Dorfes sind von hohen Bauten aus dem 17. Jh. flankiert.

San Abbondio
Das auf einem Balkon über dem Lago Maggiore gelegene Winzerdörfchen trägt den Namen des 469 verstorbenen Bischofs Abundius von Como. Auf einem erhöhten Vorsprung, den einst ein römischer Wachtturm zierte, steht die 1852 als Längsbau mit zentraler Kuppel errichtete, grossdimensionierte Kirche. Sie wurde an Stelle eines schon 1264 erwähnten romanischen Gotteshauses erbaut.

San Carlo (V. Bavona)
Das zur Gemeinde Bignasco gehörende Sommerdörfchen San Carlo (938 m) wurde erst gegründet, als ein Bergrutsch zur Aufgabe der höher gelegenen ehemaligen Siedlung Presa zwang. Unter dem milden Klima von San Carlo, wo die höchsten Kastanien des Tales und sogar Kirschbäume gedeihen, legten die tapferen Bergbewohner ihre Roggen- und Kartoffeläckerchen an. Seit der Inbetriebnahme der Seilbahn nach Robiei ist das hinterste Dörfchen des Bavonatales ein wichtiger Ausgangspunkt für Ausflüge in die Bergwelt geworden. Die Kapelle S. Carlo ist 1649 datiert.

San Nazzaro
Die Pfarrkirche S. Nazzaro, schon 1258 erwähnt und 1789 umgebaut, war früher Tagungsort der Generalversammlung des Kreises Gambarogno. Eine Seitenkapelle enthält eine gute, schon 1669 erwähnte Muttergottesstatue. Wie die übrigen Dörfer der Riviera di Gambarogno ist heute San Nazzaro, das sich durch die Auswanderung stark entvölkert hatte, ein aufblühender Ferienort. Diese Entwicklung verdankt es nicht zuletzt dem Ausbau der 1819–23 erstellten Uferstrasse.

Sant'Anna
Früher benützten die Frauen von Indemini wöchentlich mindestens einmal diesen Übergang, um in Gerra oder San Nazzaro die notwendigsten Lebensmittel einzukaufen. Die aus dem 15. Jh. stammende, 1954 restaurierte Kapelle enthält ein spätgotisches Fresko der Mater lactans, das dem Kreis des Antonio da Tradate zugeschrieben wird.

Scaiano
Das Dörfchen ist die südlichste, dicht über dem Grenztobel liegende Siedlung auf Schweizer Gebiet. Die Bewohner von Scaiano wanderten früher nach den Kantonen Zürich, Bern und Luzern aus, hauptsächlich als Spengler und Hausierer. Dass letztere neben Brillen, Spiegeln, Scheren und Messern auch Barometer feilboten und deshalb «barometti» genannt wurden, beweist das Barometer, das neben einer Sonnenuhr an einer Hauswand an der malerischen Dorfgasse zu sehen ist.

Solduno

Bis zu seinem Anschluss an Locarno im Jahre 1928 bildete der Ort eine autonome Gemeinde. Der Name ist keltischen Ursprungs und deutet auf die leicht erhöhte Lage hin. Die in den Jahren 1868 und 1938 erfolgten Gräberfunde in der Lokalität «Passetto» beweisen die starke Besiedlung der Gegend von Solduno durch die Römer. Die Ausgrabungen förderten einen seltenen Reichtum an archäologischem Material zutage, welches heute im Museum von Locarno aufbewahrt wird. Urkunden aus dem 17. Jh. bezeugen das Vorhandensein eines vielleicht unter langobardischer Herrschaft entstandenen Kastells über dem Ufer der Maggia.
Die spätbarocke Pfarrkirche S. Giovanni Battista wurde 1778–89 erbaut, wobei vom Vorgängerbau der Chor und der untere Teil des Turmes erhalten blieben. Der monumentale Innenraum enthält u. a. ein grosses Gemälde der Muttergottes in einer Gruppe von Heiligen von Baldassare Orelli (1730).

Someo

Die Gemeinde Someo kannte zur Zeit der Goldfunde um die Mitte des letzten Jahrhunderts eine starke Auswanderung nach Kalifornien und Australien. Die Häuser der glücklichen Heimkehrer stehen in den vordersten Reihen und sind Zeugen eines gewissen Wohlstandes. Im Jahre 1924 wurde das Dorf von einer schweren Umwetterkatastrophe heimgesucht. Überschwemmungen und Erdstürze zerstörten 20 Häuser, die Strasse und die Bahnlinie; 8 Einwohner fanden den Tod.
Die Pfarrkirche S. Eustachio, deren älteste Teile auf 1536 zurückgehen, besitzt eine elegante, barock ausgemalte Vorhalle.

Sonogno

Es ist das hinterste und höchstgelegene Dorf des Verzascatales. Es liegt an der Vereinigung der beiden Quelltäler der Verzasca, Val Vogornesso und Val Redorta. Zum Schutze gegen die verheerenden Hochwasser wurden die Häuser leicht erhöht auf dem Sporn zwischen den beiden Wildbächen erbaut. Schon um 1410 wird die Siedlung urkundlich als «Senogio» erwähnt; politisch gehörte sie jedoch bis 1843 zur Gemeinde Frasco. Im Sommer erfreut sich Sonogno eines von Jahr zu Jahr lebhafteren Zuspruchs von Feriengästen, welche hier nicht nur Ruhe und wirkliche Erholung, sondern auch Gelegenheit zu sportlicher Betätigung beim Baden und Fischen in der Verzasca oder auf kleineren und grösseren Bergtouren finden. Kürzlich wurde in Sonogno ein Talmuseum eröffnet und der alte Gemeindebackofen wieder betriebstüchtig gemacht. Durch die Einrichtung einer Wollzentrale soll zudem eine traditionelle Handarbeit der einheimischen Frauen wieder gefördert werden. Die 1854 im neuklassizistischen Stil erbaute Kirche enthält Werke des einheimischen Künstlers Cherubino Patà (1827–1899), der längere Zeit in Frankreich wirkte und mit dem berühmten Gustave Courbet befreundet war. Daneben finden wir auch ältere, volkstümliche Darstellungen, darunter eine «Anbetung der Hirten» in den Kostümen des Tales.

Sornico

Einst war das Dorf Hauptort der Vicinanza Lavizzara. Der in Cevio residierende eidgenössische Landvogt war gehalten, sich zweimal monatlich nach Sornico zu begeben, um im hiesigen Gerichtshaus der Talschaft Lavizzara das Recht zu sprechen. Zuvor hatte er in der Kirche in Anwesenheit des Talrates den Eid abzulegen. Richtstätte und Gefängnis befanden sich ebenfalls in Sornico. Hin und wieder sollen die Landvögte während ihrer kurzen Anwesenheit in der heutigen Casa Moretti gewohnt haben. Dieses Bürgerhaus aus der ersten Hälfte des 17. Jh. weist an der Fassade noch das eidgenössische Standeswappen auf. Die schon 1372 erwähnte Kirche San Martino, Mutterkirche des Val Lavizzara, birgt an den Schiffswänden Apostelfresken des 16. Jh. und in der linksseitigen Kapelle ein spätgotisches Kruzifix (vermutlich 15. Jh.).

Spruga
Diese hinterste und höchstgelegene Siedlung des Onsernonetales ist Endstation des Postautokurses. Das Dorf ist eine Fraktion der Gemeinde Comologno. Besonders zahlreich sind hier die charakteristischen, einem Gitterwerk ähnlichen Lauben aus Lärchenholz, die den Häusern eine besondere Leichtigkeit und Eleganz verleihen. Zur Blütezeit der Strohflechterei im Onsernonetal dienten sie zum Trocknen des in grünem Zustand geschnittenen, dann gewässerten Roggenstrohs.

Tegna
Laut Urkunden besassen 1230 und noch 1558 die Orelli von Locarno Zehntenrechte in Tegna.
Die schon im 14. Jh. erwähnte Pfarrkirche S. Maria Assunta enthält in der nördlichen Seitenkapelle beachtliche Stukkaturen (17. Jh.).
Über dem Dorfe erhebt sich ein grauer Felskopf, heute noch Castello genannt. Dort wurden 1941–45 Fundamente einer keltischen Burganlage ausgegraben. Erkennbar sind ein quadratisches Hauptgebäude, eine grosse Zisterne, der Sodbrunnen, Reste der Umfassungsmauern und Türme. Nordwestlich des Hauptgebäudes befinden sich spärliche Ruinen einer kleinen mittelalterlichen Burg.

Tenero
Auf eine frühe Besiedlung weist die 1880/81 erfolgte Aufdeckung von etwa 100 Gräbern aus der Römerzeit hin (1. und 2. Jh. n. Chr.). Dieser Fund beweist die damalige Bedeutung des Ortes als Hafenplatz am Lago Maggiore. Von den Höhen über Tenero bis zum See erstreckte sich im Mittelalter die Fraccia, eine von den Visconti erbaute Festungsmauer. 1503 widerstanden hier die Franzosen dem Angriff der Eidgenossen, die jedoch durch eine Umgehung über die Berge in den Besitz von Locarno gelangten. Eine Kapelle am Rande der Verzascaschlucht wird heute noch Oratorio della Fraccia genannt. Sie wurde um 1640 erbaut und enthält zehn Statuen in Lebensgrösse, die vier Evangelisten und sechs Heilige darstellend, gute Barockstukkaturen sowie ein Gemälde von Giovanni Antonio Felice Orelli (Mitte 18. Jh.). Das heutige Tenero ist ein aufstrebender Industrieort. 1855 gründete Tomaso Franzoni die Papierfabrik, die viele Bewohner des Verzascatales beschäftigt.

Termine
Der Name Termine (= Ende) weist darauf hin, dass an dieser Stelle die Gebiete der drei Centovalligemeinden Palagnedra, Rasa und Intragna auf das Gemeindegebiet von Brissago stossen. Die Sage berichtet, dass einst ein durchtriebener Bursche aus Brissago seine Schuhe mit heimatlicher Erde füllte, über die Wasserscheide ins Centovalli

stieg und vor bestelltem Schiedsgericht den heiligen Schwur tat, auf dem Boden der Gemeinde Brissago zu stehen. Urkundlich geht die Festlegung dieser Grenze auf das Jahr 1329 zurück.

Vairano
Der Ort ist ein Glied in der Kette der malerischen Winzerdörfchen, die sich von Fosano bis Scaiano über dem linken Ufer des Lago Maggiore hinzieht. Die vom Eis geschliffenen Rundhöcker westlich des Dorfes weisen darauf hin, dass diese Siedlung auf den terrassenartigen, glazial überformten Überresten eines ehemaligen Talbodens liegen. Vairano bildet seit 1929 mit San Nazzaro und Casenzano eine politische Gemeinde.

Valle Maggia
In geographischer, geschichtlicher und volkskundlicher Hinsicht bilden unsere Wandergebiete Valle Maggia und Seitentäler und Val Bavona und Val Lavizzara eine Einheit, deren Kern der Talzug der Maggia mit den Teilstücken Val Sambuco, Val Lavizzara und Valle Maggia bildet. Die östliche Wasserscheide, die das Maggiatal von der Leventina und südlich des P. Barone (2864 m) vom Verzascatal trennt, kulminiert im Campo Tencia (3072 m) und verläuft in einer durchschnittlichen Entfernung von nur 4 km parallel zum Haupttal. Ein ausgedehntes Einzugsgebiet besitzt die Maggia im Westen; von dieser Seite her erhält sie ihre wichtigsten Zuflüsse: bei Bignasco die Bavona, bei Cevio die Rovana, unterhalb Ponte Brolla die Melezza, die ihrerseits im Isorno einen grösseren Nebenfluss besitzt. Die westliche Wasserscheide gegen das Tal des Toce liegt entsprechend weit zurück und zählt zu ihren markantesten Erhebungen den Basodino (3273 m), das Wandfluhhorn, das Sonnenhorn und den Pizzo Medaro. Da sich jedoch die politische Grenze nicht immer an diese Kammlinie hält, gehören die Quellgebiete der Campo-Rovana, des Isorno und der Melezza zu Italien.
Geologische Bauelemente des Maggia- und Melezzagebietes sind die Gneisschichten der mittleren und unteren penninischen Decken. In der südlichen Wurzelzone steil aufgerichtet und gegen Norden zu horizontal liegend, stossen sie am Cristallinapass und im Val Sambuco mit ihren Stirnfalten auf die Kalkschieferzone der Bedrettomulde. Die Täler sind tiefe Erosionseinschnitte, deren Steilflanken oft bis zu 2000 m relativer Höhe emporstreben. Die Vegetationsgürtel in diesem niederschlagsreichen Gebiet weichen kaum von denjenigen im benachbarten Verzascatal ab. Bis 1000 m trifft man die Kastanien an, die Buche gedeiht an Nordhängen bis 1500 m, an Südhängen bis 1750 m; der kalkarme Boden begünstigt das Auftreten der Birke bis in eine Höhe von 1800 m. Wir finden auch Rot- und Weisstannenbestände, doch auch hier behauptet sich die Lärche, die in rund 2000 m die obere Waldgrenze bildet, als vorherrschender Nadelbaum.
Mit seinen vielen Karseen und der reichen Bergflora ist das Quellgebiet der Maggia, das Sambucotal, eine Landschaft von eigenartiger Schönheit. In Fusio, der höchstgelegenen Siedlung an der Maggia (1289 m), beginnt das Val Lavizzara. Es verdankt seinen Namen den «laveggi», jenen Kochtöpfen, die ehemals in diesem Tal aus dem weichen, geschmeidigen Lavezgestein gedrechselt wurden, und bildete zur Zeit der eidgenössischen Herrschaft einen eigenen Gerichtsbezirk. Einen gewissen Wohlstand brachten zurückkehrende Auswanderer ins Tal. Ihren herrschaftlich anmutenden Häusern begegnet man in allen Dörfern des Val Lavizzara. Die Valle di Peccia, das einzige

bewohnte Seitental, erhielt in den letzten Jahren durch die Zentrale der Maggiawerke und den Abbau des einheimischen Marmors einen beachtlichen Auftrieb.
Die Bavona entspringt in dem grössten noch vergletscherten Gebiet des Kantons Tessin. Der Basodino- und der Cavagnoligletscher stossen mit ihren Eiszungen bis auf 2400 m hinunter. Im Gegensatz zum Val Lavizzara besitzt das wilde, trogförmige, von 200–400 m hohen Felswänden umschlossene Bavonatal keine Dauersiedlungen.
Als eigentliche Valle Maggia wird der Talabschnitt von Bignasco bis zum Engpass von Ponte Brolla bezeichnet. Es ist ein steilwandiges, fjordähnliches Trogtal; auf dem 500 m breiten Talboden schlängeln sich mehrere Flussarme über ihren eigenen Schutt, mit dem sie im letzten Jahrhundert Wiesen und Äcker verwüsteten. Der Name Valle Maggia (Valle di maggio, Maiental) deutet darauf hin, dass die ersten Bewohner das Tal nur im Frühling und im Herbst aufsuchten, um dessen Weidegebiete mit ihrem Vieh zu bestossen. Vermutlich wurde es erst zur Zeit der Hunneninvasion im 10. Jh. durch Flüchtlinge aus Italien dauerhaft besiedelt. Im Mittelalter war das Maggiatal den herrschaftlichen Mailänder Familien der Visconti und der Sforza untertan. Nach der Eroberung durch die Eidgenossen im Jahre 1512 wurde es zu einer eigenen Landvogtei. Der Sitz des Landvogtes ist noch heute in Cevio zu sehen.
Die unvernünftigen Rodungen, die zu Beginn des letzten Jahrhunderts zu verheerenden Hochwassern, zur Aufschüttung gewaltiger Kiesmassen im Talgrund und zur Vernichtung wertvollen Kulturlandes führten, brachten das Tal in jene Notlage, die sich in einer starken Auswanderungsbewegung auswirkte. Allein in den Jahren 1850–1860 verliess ein Drittel der Männer das Tal. Die 1907 angelegte, jetzt durch einen Autobusbetrieb ersetzte Schmalspurbahn Locarno–Bignasco brachte dem Tal wachsenden Touristenverkehr. Im Sommer locken die strahlenden Hochtäler von Campo, Bosco, Bavona und Lavizzara. Den Besucher des unteren Talabschnittes erfreuen das herbstliche Gold der Kastanienhaine, von Reblauben überdachte Wege, malerische Dorfgassen und Häuser mit zierlichen Loggien. Kostbarer Freskenschmuck an unzähligen Mauern und Wegkapellen wartet auf den entdeckungslustigen Kunstfreund.
Die Rovana, die bei Cevio mit einer 300 m hohen Mündungsstufe zur Maggia stösst, entwässert die Täler von Campo und Bosco, deren alpiner Charakter den Besucher unwillkürlich an das Wallis oder das Bündnerland erinnert. Man atmet die reine, kristallklare Luft des Hochgebirges, man schreitet durch ausgedehnte Lärchenwälder und über blumenreiche Matten, man begegnet auch unzähligen dunkelbraunen Heustadeln. Im Walserdorf Bosco-Gurin, der einzigen deutschsprachigen Siedlung des Kantons, findet man das Gotthardhaus, den von Norden eingewanderten kombinierten Stein-und Blockbau.
Centovalli (Melezza), Valle Onsernone (Isorno) und Valle di Vergeletto (Ribo) sind die drei südlichsten Täler, die zum Einzugsgebiet der Maggia gehören. In klammartigen Schluchten haben sich die Flüsse, deren Erosionswirkung durch die starken Regenfälle und die Nähe des Langensees als Erosionsbasis verstärkt wird, so tief eingeschnitten, dass sie von der Strasse aus meist unsichtbar sind.
Im Onsernone ist nur die weniger geneigte Sonnseite besiedelt, und die Dörfer liegen alle auf derselben, sich deutlich gegen die Mündung zu absenkenden Terrasse, d.h. auf den Überresten eines ehemaligen Talbodens. Schon vor dem Jahr 1000 fanden sich die Bewohner des Onsernonetales zu einer politischen Gemeinde zusammen, dem Comune Grande, dessen Hauptort Loco war. Gemeinsam fochten sie gegen die

italienische Gemeinde Craveggia den Kampf um das obere Talgebiet aus, das jedoch 1806 endgültig der Gegenpartei zugesprochen wurde. Aus der Blütezeit der Strohflechterei, die noch um die Mitte des 19. Jh. fast alle Frauen und Mädchen beschäftigte, der Emigration entgegenwirkte und einen gewissen Wohlstand ins Tal brachte, stammen die typischen zwei- bis dreistöckigen Häuser mit ihren Holzlauben, auf denen das Stroh getrocknet wurde.

Das Centovalli, wegen seiner zahlreichen Nebentälchen schon im 12. Jh. «centum valles» genannt, nimmt nur den unteren, auf Schweizer Boden liegenden Drittel des Melezzalaufes ein; dessen Löwenanteil mit dem breiteren, grössere Ortschaften aufweisenden Val Vigezzo sicherte sich Italien durch die 1803 unter Napoleon erfolgte Festlegung der Grenze. Eine durchgehende Längstalfurche verbindet Locarno mit Domodossola, die Gotthard- mit der Simplonlinie. Eine etwa 200 m über dem Fluss verlaufende Strasse und die 1923 eröffnete, in Tunnels und kühnen Viadukten angelegte Schmalspurbahn erschliessen das Centovalli dem Verkehr.

Val Verzasca

Tief in den Gebirgskörper der Penninischen Alpen eingeschnitten, bildet das enge und wilde Tal der Verzasca wohl die geschlossenste landschaftliche Einheit des Tessins. Zwei schroffe Gebirgsketten erheben sich als lückenlose, schwer zu überwindende Schranken gegen die parallel verlaufenden Täler der Maggia und des Tessins. Sie trennen sich am Pizzo Barone (2864 m), dem Kulminationspunkt des Tales. Die westliche Kette zieht sich über Monte Zucchero, Madone di Giove zur Cima della Trosa und läuft in der Cimetta oberhalb Locarno aus. Der östliche Gebirgszug erstreckt sich über Madone Grosso, Poncione Rosso, Pizzo di Vogorno zum Sassariente.

In ihrem 29 km langen, nord-südlich gerichteten Lauf durchschneidet die Verzasca zuerst die horizontal liegenden, später die in der Wurzelzone steil aufgerichteten kristallinen Gneisschichten der penninischen Decken. Sie besitzt zwei Quelltäler, die sich bei Sonogno vereinigen: Val Vogornesso und Val Redorta. Als wichtigstes Seitental tritt bei Brione von Nordwesten her das Val d'Osola hinzu.

Den beträchtlichen Höhenunterschieden zufolge gehört das Verzascatal verschiedenen Klima- und Vegetationszonen an. Die Weinrebe verzeichnet in der Spalierlage von Mergoscia-Lissoi mit 870 m ihr höchstes Vorkommen. Die obersten Kastanien findet man bei Sonogno in einer Höhe von 1000 m, die Buche steigt im Val d'Osola bis 1750 m an, die Lärche, als beherrschender Baum der Nadelwaldregion, im Val Redorta bis 2050 m. Ein dichter Strauchgürtel aus Erlengebüsch und Alpenrosen breitet sich immer mehr über frühere Alpweiden aus. Die Siedlungen des Verzascatales liegen entweder an der Vereinigungsstelle zweier Täler, wie Sonogno, Brione und Lavertezzo, auf dem Schuttfächer eines Seitenbaches, wie Gerra, oder an steilen, südexponierten Hängen, wie Corippo, Vogorno und Mergoscia. Man findet hier ausschliesslich das aus rohem Stein erbaute Tessinerhaus. Charakteristisch sind die weissumrandeten Fensterchen und die zur besseren Lüftung offenen Giebel.

Auf eine ursprüngliche Besiedlung durch die Ligurer weisen die Ortsnamen mit -asco und -asca hin, wie Frasco, Alnasca, Verzasca. Während die Römer keinerlei Spuren hinterliessen, ist anzunehmen, dass die Langobarden um 590 auch in diesen abgelegensten Winkel des Tessins vordrangen. Im Jahre 1259 setzte der Bischof von Como die Locarneser Familie der Muralti als Feudalherren über die Verzasca ein. Aus dem

Jahre 1398 wird ein heftiger Aufstand der Verzasker gegen die wirtschaftliche Unterdrückung durch die Adeligen von Locarno bezeugt. Das folgende Jahrhundert stand im Zeichen eines mehrmaligen Herrschaftswechsels. Die Eidgenossen kamen 1512, nach der Einnahme Locarnos, endgültig in den Besitz des Tales. Unter der Herrschaft der zwölf Orte, die bis zur Zeit der Französischen Revolution andauerte, genoss die freie Gemeinde Verzasca das Privilegium einer weitgehenden Selbstverwaltung. Vogorno und Brione stellten abwechslungsweise die beiden höchsten Beamten des Tales, den Landvogt und den Kanzler. Gerichtssitzungen wurden in einer Scheune bei San Bartolomeo zu Vogorno oder unter freiem Himmel bei der Brücke über die Valle della Porta abgehalten. Die Rekrutierungen zur Zeit der Helvetischen Republik stiessen im Verzascatal auf heftigsten Widerstand. Das Tal wurde militärisch besetzt, worauf am 3. Mai 1799 zweihundert aufgebrachte Verzasker nach Locarno zogen, den Freiheitsbaum stürzten und die Rückerstattung der durch die Besetzung verursachten Kosten erzwangen.

Schon früh hatten die Verzasker erkannt, dass die für den Acker- und Weinbau nutzbare Fläche ihres Tales nicht ausreichte. Am Rande der Magadinoebene, zwischen Minusio und Cugnasco, erwarben sie sich jene zusätzlichen, «Terricciuoli» genannten Güter, wo sie heute noch Heuwiesen, Herbstweiden, Äcker und hauptsächlich Weinberge besitzen.

Kein anderes Tal des Kantons Tessin verzeichnete in den letzten hundert Jahren einen so starken Rückgang der Bevölkerung wie das Verzascatal. Mit einer Abnahme von 75,2% zwischen 1850 und 1950 steht Corippo an der Spitze aller Schweizer Gemeinden. Heute arbeiten die meisten Männer, vornehmlich die Angehörigen der jungen Generation, ausserhalb des Tales. Verschiedene Fabrikbetriebe, allen voran die Cartiera in Tenero, gewähren ihren Arbeitern aus dem Verzascatal jede denkbare Unterstützung, um sie zu ermuntern, ihre Wohnsitze nicht zu verlassen. Trotzdem schreitet die Entvölkerung unaufhaltsam weiter, und immer mehr Verzasker lassen sich endgültig in ihren stadtnahen Siedlungen im Piano nieder.

Der langgestreckte Stausee von Vogorno verleiht dem unteren Talabschnitt eine ganz neue landschaftliche Note und die höherverlegte, moderne Strasse hat den Zugang wesentlich erleichtert. Eine wachsende Zahl von Touristen besucht seither das Tal, blickt mit Staunen an den himmelragenden Steilwänden empor, bewundert die herrlichen Erosionsformen der Verzasca und erfreut sich an den reizenden Bergnestern und ihren verborgenen Kunstschätzen.

Verdasio

Das Dorf, das sowohl kirchlich wie politisch zur Gemeinde Intragna gehört, erfreut sich eines ausserordentlich milden Klimas. In ausgesprochener Spalierlage, vor den rauhen Nordwinden geschützt, blühen hier Kamelien, reifen Pfirsiche und Trauben. Verdasio, das 300 m über der Melezza und 180 m über der Talstrasse liegt, gleicht, von unten gesehen, einer kleinen, geschlossenen Festung, dessen hohe, nur ganz oben von Bogengängen aufgelockerten Häuserfronten über den steilen, terrassierten Wiesen und Gärtchen aufragen. Von Reichtum und Ansehen zurückgekehrter Emigranten zeugt u. a. die links hinter der Kirche stehende Casa Tosetti mit ihrem feudalen Torbogen aus dem 17. Jh.

Intragna im Centovalli liegt auf der Rippe zwischen der Melezza und dem Isorno (Routen 18, 20, 22, 23, 25).

Vergeletto

Das Dorf gehörte bis zum Anfang des 19. Jh. politisch zu Russo. Im Winter erhält es während zwei Monaten keine Sonne. Auch in Vergeletto zeugen die hölzernen Laufgänge an den stattlichen, oft mit Fresken geschmückten Häusern von der Blütezeit der Strohflechterei. Man stösst in Vergeletto häufig auf den Geschlechtsnamen Garbani. Ein ausgewanderter Zweig dieser Familie besass Kaufläden in Gaeta, Perugia und Rom. Casa Garbani, ein elegantes Bürgerhaus aus dem Jahre 1750, steht im oberen Dorfteil.

Die 1658 erbaute Pfarrkirche S. Maria enthält in der Nische über dem Altar eine Verkündigungsgruppe aus der 2. Hälfte des 17. Jh.

Vogorno

Vogorno besteht aus mehreren Fraktionen, welche weit zerstreut über dem Stausee inmitten von terrassierten Reben liegen: Berzona, S. Antonio, Pregossa und S. Bartolomeo. San Bartolomeo war in früheren Jahrhunderten kirchliches und politisches Zentrum des Tales. In einer Scheune fanden dort jeweils zur Sonnenwende und bei Tag-und-Nacht-Gleiche die Gerichtssitzungen statt. Das heutige Gotteshaus stammt aus dem 13. Jh. und weist an der N-Wand Reste mittelalterlicher Fresken auf.

Die Markierung der Wanderrouten geschieht nach den von den «Schweizer Wanderwegen» aufgestellten Richtlinien. Sie besteht aus Wegweisern mit oder ohne Zeitangabe, aus Richtungszeigern, Rhomben und Farbmarkierungen. Die angegebenen Marschzeiten basieren auf einer durchschnittlichen Leistung von 4,2 km in der Stunde auf flachem, gut begehbarem Gelände. Abweichungen bei Steigungen, Gefälle oder schwierigem Gelände sind mit berücksichtigt. Rastzeiten sind nicht eingerechnet.

Wanderrouten (gelbe Markierung)
Wege für jedermann, die mit gewöhnlichem Schuhwerk und ohne besondere Gefahren begangen werden können.

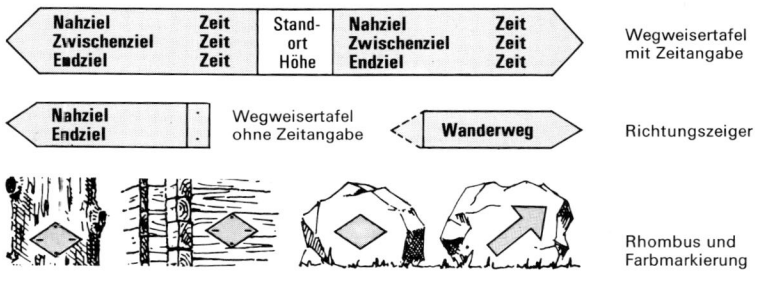

Nahziel	Zeit	Stand-	Nahziel	Zeit	Wegweisertafel
Zwischenziel	Zeit	ort	Zwischenziel	Zeit	mit Zeitangabe
Endziel	Zeit	Höhe	Endziel	Zeit	

| Nahziel | · | Wegweisertafel | | |
| Endziel | · | ohne Zeitangabe | Wanderweg | Richtungszeiger |

Rhombus und Farbmarkierung

Bergrouten (weiss-rot-weisse Markierung)
Wege, die *grössere Anforderungen* an die Ausrüstung des Wanderers in bezug auf *wetterfeste Kleidung* und *geeignetes Schuhwerk mit griffigen Sohlen* stellen. Das Begehen von Bergwegen erfordert *besondere Vorsicht* und *Bergtüchtigkeit.*

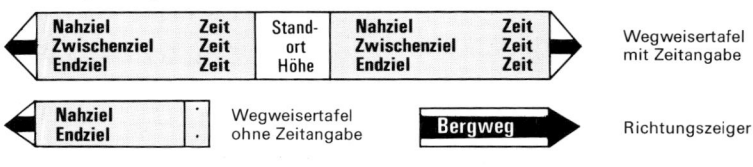

Nahziel	Zeit	Stand-	Nahziel	Zeit	Wegweisertafel
Zwischenziel	Zeit	ort	Zwischenziel	Zeit	mit Zeitangabe
Endziel	Zeit	Höhe	Endziel	Zeit	

| Nahziel | · | Wegweisertafel | | |
| Endziel | · | ohne Zeitangabe | Bergweg | Richtungszeiger |

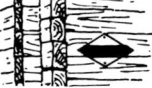

Rhombus und Farbmarkierung

Verkehrsvereine und Auskunftsstellen
Kantonale Organisation:
Ente ticinese per il turismo, Bellinzona
Lokale Verkehrsvereine:
Ente turistico di Locarno e Valli, Locarno
Ente turistico di Tenero e Valle Verzasca, Tenero
Ente turistico di Valle Maggia, Maggia
Ente turistico di Ascona e Losone, Ascona
Ente turistico di Brissago e Ronco s. Ascona, Brissago
Ente turistico del Gambarogno, Vira
Ente turistico di Leventina, Faido
Ente turistico Valli di Lugano, Taverne
Ente turistico del Malcantone, Caslano

Unterkunftsstätten ausserhalb der Ortschaften
Berghäuser und Berggasthöfe

Monte Brè:	Albergo Monte Brè	30 Betten
Cardada:	Albergo-Ristorante Cardada	32 Betten
	Albergo Colmanicchio	14 Betten
Monte di Comino:	Ristorante al Riposo romantico	22 Plätze
Lago Tremorgio:	Capanna Tremorgio	34 Plätze
Alpe di Neggia:	Ritrovo di Neggia	83 Plätze
Robiei:	Ristorante Robiei	40 Betten
Alpe Foppa:	Ristorante Alpe Foppa	50 Plätze

Clubhütten

Cimetta:	Hütte des Sci Club Solduno	50 Plätze
Capanna Alpe Barone:	Amici del Barone (Schlüssel Ristorante Alpino, Sonogno)	16 Plätze
Capanna d'Alzasca:	SAC-Hütte, Sekt. Locarno (offen)	32 Plätze
Alpe Zotta:	Hütte der Bürgergemeinde Losone (Anmeldung Tel. 093 35 68 02 oder 093 35 47 30)	32 Plätze
Capanna Basodino:	SAC-Hütte, Sekt. Locarno (offen)	70 Plätze
Capanna Cristallina:	SAC-Hütte, Sektion Ticino (offen)	130 Plätze
Leit:	Hütte des SAT, Sektion Mendrisio (offen)	50 Plätze
Monte Tamaro:	UTOE-Hütte, Sektion Bellinzona (offen)	60 Plätze
Monti di Lego:	Capanna Monti di Lego (Tel. 093 67 41 71)	6 Plätze
Grossalp:	UTOE-Hütte, Sektion Locarno (Schlüssel Belotti Sport, Locarno)	34 Plätze
Alpe d'Arena:	Capanna (Wandersaison offen)	30 Plätze

Als wertvolle Ergänzung zum Wanderbuch stehen mehrere Karten zur Verfügung. Die Ortsnamen und Höhenangaben dieses Buches stützen sich meist auf die Landeskarte 1:25000 und das Offizielle Kursbuch der Schweiz.

Wanderkarten 1:50000
Valle Maggia/Ente turistico, Kümmerly + Frey (Routen 11–14, 25, 26, 29–39)
Tenero e Valle Verzasca/Ente turistico (Routen 3–11)
Valle Leventina/SAW (Routen 11, 35, 36, 39)

Wanderkarten 1:25000
Locarno–Ascona, dintorni e valli/Ente turistico
(Routen 1–4, 12, 15, 18–27)
Gambarogno/Ente turistico, Kümmerly + Frey (Routen 40–44)

Landeskarte der Schweiz 1:50000
265 Nufenenpass (Routen 33, 34, 37, 38)
266 Valle Leventina (Routen 8, 10, 11, 35–39)
275 Valle Antigorio (Routen 13, 14, 27–33)
276 Valle Verzasca (Routen 1–9, 12, 13, 15, 16, 18–27, 35, 40, 43, 44)
286 Malcantone (Routen 15–17, 40–44)
5007 Locarno–Lugano (Zusammensetzung)

Landeskarte der Schweiz 1:25000
1251 Val Bedretto (Routen 34, 37, 38)
1252 Ambri-Piotta (Routen 37–39)
1271 Basodino (Routen 33, 34, 38)
1272 P. Campo Tencia (Routen 8, 10, 11, 35–38, 39)
1291 Bosco-Gurin (Routen 12–14, 29–33)
1292 Maggia (Routen 6, 8, 9, 11, 12, 13, 26, 35)
1293 Osogna (Routen 6, 7, 9)
1311 Comologno (Routen 13, 27, 28, 29)
1312 Locarno (Routen 1–4, 12, 15, 16, 18–27, 40)
1313 Bellinzona (Routen 3, 4–7, 40, 44)
1332 Brissago (Routen 15–17, 40–43)
1333 Tesserete (Routen 40, 43, 44)

Balli Federico	Valle Bavona, Torino 1885.
Beerli André	Unbekanntes Tessin. Bern 1956.
Bianconi Piero	Arte in Valle Maggia. Bellinzona 1937.
Bianconi Piero	La Svizzera italiana nell'arte e nella natura, Fasciolo XXIV, Pedemonte, Centovalli e Onsernone. Bellinzona 1943.
Bianconi Piero	Tessiner Kapellen. Basel 1944.
von Büren Kurt	Die Rovanatäler (Diss.). Bern 1953.
Canale Alfred	Geomorphologie der Valle Onsernone (Diss.). Bern 1956.
Das Bürgerhaus der Schweiz, Bd. XXVIII, Kanton Tessin. Zürich 1936.	
Egli Karl	Wander-Atlas Nr. 18, Locarno. Zürich 1948.
Ess Johann Jakob	Auf Wanderwegen im Tessin. Zürich 1956.
Filippini Federico	Storia della Valle Maggia. Locarno 1941.
Gschwend Max	Das Val Verzasca (Diss.). Basel 1946.
Gutersohn Heinrich	Geographie der Schweiz, Bd. II, Alpen (Wallis–Tessin–Graubünden). Bern 1961.
Hardmeyer J.	Locarno und seine Täler. Zürich 1923.
Hofmann Arno	Schweizer Wanderbuch Rundwanderungen 5, Tessin. Bern 1979.
Keller Walter	Am Kaminfeuer der Tessiner. Zürich 1940.
Lavizzari Luigi	Escursioni nel Cantone Ticino. Lugano 1859.
Malè Anna	Solduno. Locarno 1961.
Mondada Giuseppe	Gordola Medievale. Locarno 1958.
Mondada Giuseppe	Tenero–Contra. Locarno 1948.
Platzhoff-Lejeune Ed.	Brissago. Zürich 1914.
Prada Giosué Carlo	Note storiche sulla Vice Parrocchia di Rasa. Locarno 1911.
Regolatti Lindoro	Il patriziato di Loco. Lugano 1928.
Ritter Giuseppe	Schweizer Wanderbuch 22, Lugano. Bern 1980.
Ritter Giuseppe	Schweizer Wanderbuch 33, Tessin. Bern 1982.
Ritter Giuseppe	Kreuz und quer duch den Gambarogno. Losone 1975.
Schmid Ernst	Tessiner Kunstführer, Bd. IV/1, Locarno und die Dörfer am See. Frauenfeld 1962.
Schmid Ernst	Tessiner Kunstführer, Bd. IV/2, Die neun Täler um Locarno. Frauenfeld 1949.
Schmid Hans	Spaziergänge im Tessin. Frauenfeld 1927.
Schweizer Alpen-Club	Clubführer durch die Tessiner Alpen. Bellinzona 1931.
Schweizer Alpen-Club	Verzeichnis der Clubhütten. Zürich 1961.
Schweizer Alpenposten	Locarno und seine Täler. Bern 1947.
Tomamichel Tobias	Bosco-Gurin. Basel 1953.
Venner J. V. u. Fischer K.	Tessin, Stauffacher Reiseführer. Zürich 1956.
Wälti Hans	Die Schweiz in Lebensbildern, Bd. I, Tessin–Graubünden–Glarus. Aarau 1928.
Wilhelm P.	50 Tourenvorschläge Locarno und Umgebung. Locarno 1963.
Zanini Emilio	Führer durch das Maggiatal. Locarno 1908.
Zeller Willy	Die Brissago-Inseln, Schweizer Heimatbuch 94. Bern 1960.
Zoppi Giuseppe	Leggende del Ticino. Milano 1928.
Zoppi Giuseppe	Mein Tessin. Zürich 1941.

Die Zahlen entsprechen den Routennummern dieses Wanderbuches. Bei der angegebenen Seite finden sich wissenswerte Angaben über den betreffenden Ort.